I0758774

¿Por qué no me quieres, mamá?

El narcisismo materno y sus víctimas

¿Por qué no me quieres, mamá?

El narcisismo materno y sus víctimas

Tercera Edición

M.R. FERNÁNDEZ-AMELA

Sobre la autora:

Mª Remedios Fernández-Amela y Herrera (Jaén, 1959) es Doctora en Psicología y Especialista en Psicología Clínica. Ha trabajado en distintos centros que van desde el primer Centro de la Mujer en Jaén (1982) a diferentes dispositivos de Salud Mental. Durante 38 años se ha vinculado a la profesión en distintas áreas desde la psicoterapia, la evaluación de la enfermedad mental, la rehabilitación de enfermos psiquiátricos, la investigación y la docencia. En la actualidad trabaja en el Equipo de Salud Mental de Jaén Centro.

Escritora por vocación de 'comunicar', afirma no haber podido resistirse a la tentación de recoger lo que de otra manera se perdería entre los grandes olvidos de la Historia y escribió su primera novela, *"Al otro lado de la pared. Historias de un manicomio"*.

Tras escribir el ensayo que tiene usted en sus manos, ha publicado su segunda novela *"De frente y de perfil"*, que ha representado un placer, un sufrimiento, y un reto: La protagonista no tiene nombre, como ocurre en la novela de Dafne du Maurier *"Rebeca"*, una de sus obras preferidas.

Foto de la portada:

"After the Bath" (Después del baño), pintura al pastel de Mary Stevenson Cassatt (1901). Museo de Cleveland.

1ª edición: Editorial Letrame enero 2021

2ª edición: diciembre 2020

3ª edición: Amazon. Diciembre 2021

ISBN-: 9798780260271

Inscrito en el Registro de Propiedad Intelectual: JA-24-2020

*A ellas,
a mis víctimas,
a mis Princesas.*

ÍNDICE

INTRODUCCIÓN.

Todos somos víctimas de algún suceso de carácter traumático a lo largo de nuestras vidas. Nadie puede escapar de este destino común. Es inevitable. Sin embargo, los traumas son únicos para cada persona.

Si descartamos aquellos acontecimientos traumáticos debidos a catástrofes naturales, guerras, accidentes de circulación, incendios o inundaciones y otras circunstancias similares, y el daño se debe a la conducta de personas de nuestro entorno, la gravedad del hecho que nos convierte en víctimas puede variar en función de parámetros como: quién nos lo haya producido, la edad en la que se sufrió, su duración (tiempo durante el cual se mantuvo aquella situación), el grado de intimidación que se empleó, y el apoyo afectivo que recibió en aquellos momentos por parte de otras personas.

Las consecuencias de los "traumas" son variadas, pero casi siempre implican aspectos emocionales (ansiedad, tristeza, ira), cognitivos (miedo a que se repita, recuerdos sobre la experiencia vivida) y conductuales (evitación de ir al lugar donde ocurrieron los hechos, llevar la misma ropa que ese día…). Por otra parte, las secuelas y las repercusiones psicológicas (los sentimientos de vergüenza o culpa que la sensibilidad de la víctima pueda desarrollar) tienen aspectos que hacen del fenómeno de victimización un proceso único en cada persona.

La Psicología Clínica, con independencia de la perspectiva teórica que se abrace, dedica gran cantidad de esfuerzo al tratamiento del daño que los acontecimientos traumáticos provocan en las personas. Este daño se ha denominado Trastorno por Estrés Postraumático (TEPT). Como categoría diagnóstica, el TEPT, no tiene que ver con el tema de este libro, y sí lo hace. Esto es porque el paradigma del trauma que recibe tratamiento psicológico generalmente es el de un hecho de carácter súbito, de gran intensidad, en el cual la vida o la integridad de la persona se han visto comprometidos gravemente. Sin embargo, existen otros traumas mantenidos en el tiempo que exigen un esfuerzo terapéutico diferente ya que, en comparación con los síntomas (emocionales, cognitivos y conductuales) que presentan los pacientes diagnosticados de TEPT —cuadro en gran medida reversible— los otros traumas suelen tener un mayor calado, y provocar una mayor afectación, en la personalidad. El impacto de sucesos puntuales no es comparable con el de un tipo de crianza mantenido en el tiempo hasta la edad adulta. Antequera Jurado (2006) señala que la valoración de las conductas negligentes hacia el niño no debe limitarse a su ocurrencia, sino que también debemos obtener información sobre su cronicidad ya que, mientras más frecuente sea una conducta negligente, más consecuencias negativas puede tener para el niño. Si alguno de nuestros padres, o los dos, muestran un comportamiento abusivo, el daño recibido se marcará en nuestra manera de ver el mundo y las secuelas pueden durar toda la vida.

Este libro no se centra en el protagonismo que muestra el varón narcisista. Son prototípicos, francamente aburridos por su similitud y fáciles de detectar. Nos centraremos en la mujer narcisista, más compleja en su expresión, y particularmente en la que es madre. Pero sobre todo, el foco principal estará colocado en sus víctimas. En este trabajo que tiene en sus manos describiré a las víctimas de madres narcisistas, un numeroso grupo de pacientes que no parece estar recibiendo toda la atención terapéutica que se les debiera prestar, en contraste con otros grupos de víctimas (como son las víctimas de accidentes, maltrato, violación, abandono, secuestro, etc.).

La alta frecuencia con la que he observado este tipo de trastornos en las consultas externas del equipo de Salud Mental en el que trabajo actualmente me ha llevado a sensibilizarme con las víctimas de sus madres narcisistas. Ellas, *nuestras víctimas*, viven la infancia, la pubertad y, a menudo, los años de madurez, bajo la influencia de una madre peculiar, lo cual es una experiencia que deja a los hijos en un estado psicológico cercano a la "perplejidad", con una introspección y elaboración de sus experiencias vitales muy diferentes a como hubieran sido de haber tenido una madre normal. Y esta elaboración, por supuesto disfuncional, requiere de una mayor ayuda psicológica de la que reciben. Son grandes desconocidas, y por lo tanto, olvidadas.

Se supone que las madres son el paradigma de los seres abnegados y desinteresados. También se supone que protegen a sus hijos de todo tipo de riesgos, siendo capaces de dar la vida por ellos. No estamos preparados para ver que una madre puede no ser así. La Dra. Karyl McBride, psicoterapeuta, quien sí es hija de una madre narcisista, comienza aceptando este hecho en la introducción de su libro Madres que no saben amar (2008):

> *Nuestra relación con nuestra madre nace de forma simultánea con nuestra entrada en el mundo. Cuando respiramos por primera vez, exteriorizamos el ini-*

cial y dependiente anhelo humano por conseguir protección y amor en presencia de nuestra madre somos una con ella en el útero y en la mesa de partos esta mujer, nuestra madre, todo lo que es y lo que no es..., nos ha dado la vida. Nuestra conexión en este instante, y desde ahora en adelante lleva consigo un peso psicológico tremendo para nuestro bienestar para toda la vida. Por extraño que parezca, yo nunca he querido creer esto (p.17).

Como víctima confesa de una madre narcisista, pensar que las madres de otras niñas no se comportaban como la suya le producía un dolor inmenso, casi intolerable. Como la mayor parte de las víctimas, se adaptó a la situación de la mejor manera posible.

Al contrario que otros autores[1] que hacen una especialidad de su patología[2], yo no soy víctima de una madre ni tóxica, ni narcisista. Más bien es todo lo opuesto: es un modelo ético y está llena de compasión, empatía y altruismo desde su infancia; si sabe que alguien sufre al otro lado del mundo, ella sufrirá también. Sus aspiraciones son hacer felices a quienes la rodeamos, seamos o no de su familia. El que mi madre tenga una personalidad altruista me ha ayudado a ver cómo otras hijas no tienen mi suerte y lamento tremendamente que no sea así, porque todos los niños podrían tener una infancia feliz con solo tener una madre que les proporcionara besos y abrazos cuando van a dormir, en lugar de ser víctimas del desamor.

Este libro, por tanto, no tiene interés en profundizar en el narcisismo más que como "explicación" de cómo se siente la hija de una mujer narcisista. Es el interés por las víctimas lo que me ha llevado a escribir la búsqueda de una explicación comprensible, que dé respuesta a los sentimientos ambivalentes, y de otro tipo, que desarrollan muchas hijas de mujeres narcisistas. Esta explicación nunca será suficiente para comprender a las víctimas si no va acompañada de una descripción del comportamiento materno. No se entendería a la víctima sin hacer una disección del comportamiento de quien la agrede.

Los temas que van a ir desarrollándose en este libro son diversos: nos sumergiremos en la realidad actual global, cada vez más narcisista; describiremos el comportamiento rígido y pernicioso de los narcisistas en general, y de las madres narcisistas en particular, su mundo familiar, y el cómo construyen en sus hijos —sobre todo en sus hijas— un estilo cognitivo peculiar donde la culpabilidad y la confusión se hacen dueñas de su psiquismo; se desarrollarán los contenidos de una actividad grupal para tratar terapéuticamente a las víctimas y se darán *tips* para contrarrestar el efecto de las manipulaciones maternas en la vida adulta de sus hijas; y por último, se propondrán caminos prácticos de prevención del narcisismo en las jóvenes generaciones.

Los casos descritos a lo largo del libro pertenecen a personas reales, princesas a las que se les ha cambiado el nombre para no poder ser identificadas. Los poemas y cartas que aparecen en los distintos capítulos han sido cedidos por sus autoras para la publicación de este libro.

El origen religioso y sagrado de la palabra víctima, del latín victima-ae, nos traslada al uso que se le daba en la Antigüedad para designar a quienes iban a ser sacrificados, animales o personas, como el carnero que sacrificó Abraham en lugar de a su propio hijo, siguiendo las instrucciones de Yahvé. En el concepto de víctima está implícita su inocencia. Tanto es así que, con frecuencia, las víctimas se encuentran con el trauma sin haber alcanzado plena conciencia de que estaban en peligro, o bien, minimizaban el riesgo que se cernía sobre ellas. En el caso de las hijas de madres narcisistas, a pesar de crecer en un hogar diferente al de las demás niñas, no se hacen demasiadas preguntas sobre por qué sus madres las tratan de manera diferente. Sin embargo, hay una pregunta que sí se hacen con demasiada frecuencia: ¿qué hay de malo en mí para que no me quieras, mamá? O lo que es igual, ¿por qué no me quieres, mamá?

Este libro se dirige a todos los que desean dar respuesta a estas preguntas.

ACERCA DEL NARCISISMO

*El narcisismo es, siendo realistas,
la mejor forma de lidiar con
las tensiones y ansiedades de la vida moderna.*

C. Lash

La sociedad narcisista (p.74)

*Yo nací bajo la creencia hebrea pero, al crecer,
me convertí al narcisismo.*

Woody Allen

Scoop

El narcisismo es un problema silente en la práctica, a pesar de las muchas publicaciones que existen sobre el tema. En las reuniones de los equipos de Salud Mental no se habla casi nunca de ello, o al menos, no como se habla de otros cuadros clínicos, o de otros trastornos de personalidad. Sin embargo, está presente en casi todas las patologías mentales, bien por su ausencia como por su exceso. El abordaje del estudio en profundidad del narcisismo tampoco es comparable al de otras patologías en los programas de estudios universitarios de grado y postgrado.

La sociedad narcisista

Mi interés por el narcisismo materno propiamente dicho surgió a raíz de la entrada en una perspectiva sociológica. Empecé a interesarme por el conjunto de la sociedad, ya que iba tomando conciencia de que íbamos cada vez más hacia una sociedad básicamente narcisista. No fui la primera en considerar que esta alteración de la conducta y de la personalidad era un problema social. En 1983, Alexander Lowen, médico y psicoterapeuta estadounidense, fundador del Institute for Bioenergetic Analysis, publicó un libro sugerente: "El Narcisismo: La Enfermedad de Nuestro Tiempo". En su introducción, Lowen marca la pauta que parece subyacer al fenómeno global del narcisismo:

El narcisismo individual corre paralelo al cultural. El individuo moldea la cultura según su propia imagen y la cultura moldea a su vez al individuo. ¿Es posible comprender uno sin entender la otra? ¿Puede la psicología ignorar la sociología o viceversa? (Lowen, 1983, p.7).

Fui explorando de mayor a menor complejidad en lugar de avanzar en el conocimiento desde un caso curioso, prototípico, o un grupo de casos que coincidían en su expresión conductual, porque el narcisismo está presente en casi todos los ámbitos de la vida cotidiana mundial y en las noticias de las tres, particularmente. Podemos reflexionar sobre varios ejemplos:

❖ La acción política es el escenario donde el narcisismo social es observado con más claridad. En su libro *La sociedad narcisista*, Lash (1999) afirmaba:

Nuestra sociedad es, pues, narcisista en un doble sentido. Los individuos de personalidad narcisista, aunque no sean necesariamente más numerosos que antes, desempeñan un papel preponderante en la vida contemporánea, alcanzando a menudo posiciones eminentes. Estas celebridades, que medran gracias al recurso de adular a las masas, fijan el tono de la vida pública y también de la privada, pues la maquinaria de la celebridad no reconoce fronteras entre el ámbito público y el privado (p. 279).

El independentismo, nacido del separatismo, y antes del nacionalismo, es un fenómeno prototípico para explicar cómo la política se muestra como una conducta social de carácter narcisista. Concretamente, el más actual y famoso independentismo, el catalán, no ha escapado a la nube tóxica del narcisismo tanto del propio movimiento en sí (el creerse una sociedad mejor y empecinarse para imponer sus normas), como el de sus protagonistas. No hay que ser un experto en comunicación no verbal para percatarse de lo que se esconde tras la perenne sonrisa de Puigdemont, por ejemplo. Nos han bombardeado con imágenes que traslucen cómo el imperativo de las propias ideas sobre lo que tiene que ser una tierra –Cataluña– se salta todos los límites del respeto al otro (por no hablar de la legalidad vigente en este momento). Uno de los argumentos que se aducen para alentar el separatismo es que en Cataluña sus ciudadanos pagan más –impuestos estatales– de lo que reciben; otro, que no pueden frenar el desempleo creciente en la región. Ambas razones no son más que un reflejo del convencimiento de que ellos merecen más que los demás ciudadanos. Con estas premisas, sean o no ciertas, o puedan serlo en un futuro, se construye un sistema de creencias basado en que hay dos varas de medir, dos leyes: para mí y para los otros. Desmontar una estructura de ideas y prejuicios semejante es difícil, si no imposible.

El narcisismo está detrás de la presunción de títulos académicos de alto nivel (titulaciones universitarias de Grado, Doctorado, o Máster) en la clase política. La lucha de los *currículos* entre los políticos no ha hecho más que florecer, pasando de la invención de títulos a la perversión docente[1]. La guerra de los *currículos* sigue en pie, y seguirá durante mucho tiempo. Todos los políticos que han falseado su currículo han manifestado comportamientos narcisistas evidentes. Como más tarde se expondrá, la mentira y la manipulación son características del Trastorno Narcisista de la Personalidad. Con este alarde de *titulitis* lo que pretenden es adornarse con atributos que no poseen, presumir, subirse en un pedestal figurado. Si la presunción va apareada de dinero y poder, con más motivo hacen un despliegue de falsedades. Lash (1999) señala con gran acierto:

> *En una sociedad en la que el sueño del éxito ha sido despojado de toda significación que lo trascienda, los hombres no disponen de ninguna vara, aparte de los logros ajenos, para medir sus propios logros. La autoestima depende del reconocimiento y la aclamación públicos, y la calidad de esa aprobación ha sufrido importantes cambios, la buena opinión de los amigos y vecinos, que antiguamente servía para informar a un hombre de que su vida había sido provechosa, descansaba en el aprecio de sus logros. Hoy los hombres buscan el tipo de aprobación que no aplaude sus actos sino sus atributos personales. Quieren ser admirados más que estimados. No anhelan la fama, sino la fascinación y excita-*

ción que trae consigo la celebridad, quieren ser envidiados antes que respetados. La soberbia y la codicia, los pecados de un capitalismo en ascenso, han dado paso a la vanidad. (…) lo que un hombre hace en concreto importa menos que el hecho de "lograrlo" (p. 84-85).

La *titulitis* falsa no está castigada en el Código Penal español. Simplemente puede ser causa de nulidad de los contratos laborales que se basen en la creencia de que los currículum son verdaderos. La impunidad es un factor más a añadir a los motivos para exhibir un retrato falso de sí mismo. Y es esta condición la que acerca al político que falsea su currículo al narcisismo más primitivo.

Sin embargo, lo que más llama la atención en la lucha de los currículum falsos es la pasividad de los ciudadanos, tras un primer momento de indignación cada vez que un caso salta a los medios de comunicación. El hallazgo de un nuevo engaño es seguido de oleadas de humor tanto en la calle como en las redes sociales. Se suelen hacer tantos chistes que el fenómeno se trivializa pronto y se concluye con un "no pasa nada". A los ciudadanos de a pie no les afecta el alarde de *titulitis* de sus políticos, a los que ya se les atribuye la capacidad de mentir *ad infinitum*. Este hecho se ha visto multiplicado con los datos ofrecidos sobre la pandemia de Coronavirus durante el año 2020.

El narcisismo creciente de la sociedad provoca la asimilación de estos casos como parte de las reglas del juego, y se añaden nuevas conductas y fenómenos sociales como los que se exponen a continuación, que proporcionan evidencia adicional de que vamos hacia una civilización puramente narcisista:

❖	La sologamia, el casarse con uno mismo, está de moda. Parece algo estúpido pero no lo es. La sologamia es la expresión máxima del egocentrismo. El compromiso de vivir con uno mismo de manera pacífica y enriquecedora se plasma en un documento "matrimonial", como testimonio máximo del enamoramiento de su yo. En las bodas de la sologamia se hace un banquete con invitados, y en la tarta nupcial solo aparece una figurita: la de la persona que contrae el contrato matrimonial.

❖	Un anuncio televisivo de una marca conocida de té e infusiones sobre el "yoísmo" ha calado en la sociedad. Según se indica en el mismo spot publicitario, "yoísmo es dejar de pensar tanto en todo y pensar más en ti". Practicar el yoísmo se promete como una fuente de salud infinita. Esta afirmación dista mucho de ser científica, dado que no se ha encontrado relación entre la personalidad egocéntrica y una mejor salud, como tampoco se ha hallado la opuesta: que las personas altruistas estén más sanas.

❖	En la televisión el caso más repetido y machacón es el de la publicidad de la firma L'Oreal: la frase "porque yo lo valgo", reclamo sumamente exitoso que se ha venido repitiendo desde hace más de 40 años. La historia es la siguiente[2]: En 1972, L'Oréal Paris anunciaba su marca de tintes "Preference", a pesar de que tenían a un producto líder en el mercado más barato. El nuevo colorante de L'Oréal tenía una desventaja clara: era mucho más caro, pero era de mejor calidad. Los publicistas de McCann Erickson pensaron en crear un slogan fuerte y claro que partió del concepto "Es caro, pero lo merezco". Una modelo rubia de ojos azules, Meredith Baxter Birney, decía a la cámara que ella compraba el más caro "porque yo lo valgo". También lo anunció la modelo, y actriz de la serie Luz de Luna, Cybil Shepherd, (que compartía protagonismo con el principiante Bruce Willis). En la actualidad, el slogan se ha modificado levemente: "Nosotras lo valemos", en un intento de asimilarse a la lucha feminista.

❖   Noticias insólitas como la de la abuela que, descontenta con la cara del bebé que había dado a luz su hija, fue al hospital a descambiarlo por ser feo[3], por lo que ella consideraba que no podía ser de su familia, aunque ese día solo había nacido ese niño y no había, pues, posibilidad de equivocación.

❖   Por último, es de señalar el fenómeno que rodea a los procesos y a las sentencias judiciales. El primero fue un asunto privado que saltó a la prensa para apoyar masivamente, con artículos, noticias, concentraciones y manifestaciones de políticos de todos los colores, a una mujer, Juana Rivas, que se ocultó y ocultó a sus hijos para no entregarlos al padre. Se llegó a propagar un eslogan con tintes desafiantes: "*Juana está en mi casa*"[4], y solo se encontraron tímidos intentos[5,6] de devolver la cuestión a sus legítimos dueños: los jueces. Finalmente condenada a cinco años de cárcel por el Juzgado de lo Penal número 1, y ratificada la sentencia por la Audiencia Provincial de Granada y por el Tribunal Supremo, Juana Rivas sigue acaparando la atención de la prensa con nuevas actuaciones similares, encontrando incluso apoyo institucional a sus pretensiones[7]. Obtuvo un indulto parcial por parte del Gobierno, pero el Juez granadino Manuel Piñar no la puso en libertad y alertó a quienes la habían indultado y a toda la sociedad de que sus apoyos eran una injusticia y rodeado de escándalos y datos escabrosos sobre un probable abuso sexual del hijo menor. El asunto aún no ha acabado.

Este fenómeno se repitió con otro asunto controvertido: la sentencia de la Audiencia Provincial de Navarra respecto al juicio de la "Manada". Ante un proceso judicial primero[8], y posterior sentencia condenatoria (pero no del agrado de los manifestantes por no considerarse la conducta punible como violación, sino abuso)[9], no ha habido medio de comunicación, colectivo profesional[10] o asociación feminista que no manifestara públicamente su opinión y se erigiera en poseedor de la Justicia por encima de tres magistrados. Es remarcable que nadie (o casi nadie) había leído los casi 300 folios de dicha sentencia, ni estuvieron presentes en las sesiones de la vista oral. Al hacer pronunciamiento público no cualificado sobre la controvertida sentencia, podría asumirse que la intención de las manifestaciones y publicaciones que se hicieron desde todos los foros no era otra que doblegar el dictamen judicial. Finalmente, como era de esperar, el Tribunal Supremo revocó dicha resolución y condenó a los cinco integrantes de tan execrable grupo por un delito de agresión sexual, y no de abuso sexual[11]. Ese erigirse en LEY por encima de la Ley de los ciudadanos de a pie, fenómeno que subyace tanto en el caso "Juana Rivas", como en el de "la Manada", es un rasgo narcisista de primer rango. Sin embargo, la tolerancia a las conductas narcisistas de la sociedad actual contrasta con la de épocas anteriores. Además, esta capacidad de aceptar y asimilar la maldad narcisista en público es cada vez mayor. Se asume que la creencia en los propios derechos puede vulnerar la de otras personas, lo cual se aleja de la norma universal de la ética que reza que tus derechos acaban donde empiezan los de los demás[12]. No es extraño asistir a interacciones en vivo en los programas de televisión tipo *Sálvame*, en los que un contertulio afirma algo y otros se dedican a chillar cada vez más alto, hasta levantarse del asiento, manoteando. Podemos ver numerosos ejemplos en el Palacio de las Cortes, sede del Parlamento. Tras sufrir el tiroteo de los golpistas del 23 F, el hemiciclo ha atraído a distinto tipo de manifestantes que lo han invadido de ideas contrarias a las costumbres. Así, las activistas de FEMEN se han desnudado de cintura para arriba en sus palcos sin que hayan provocado más que complacencia y risas ahogadas[13]. Son las chicas FEMEN las que, exhibiendo pintadas en sus torsos desnudos que rezan *"Fuera de mi coño"*, hacen alarde de imposición de nuevas normas de manera *narcisísticamente* despótica.

El narcisismo es social e instrumental. En la vida real, una azafata le dice a una chica que apague su IPad, y esta hace caso omiso a la recomendación. Un niño tira un envoltorio de helado al suelo y, cuando un viandante le llama la atención para que lo recoja, los padres le increpan con: *¡que será el único que tira cosas al suelo!* En bares y cafeterías las parejas con hijos, dejándose caer en manada, fuerzan al resto de los clientes a soportar el griterío de sus retoños. Gentes que se cuelan en las colas, conductores que desobedecen las más que evidentes normas de circulación sobre el alcohol[14] o el móvil[15], y más recientemente sobre el uso de las mascarillas[16].

En los ámbitos educativos se teme a los padres[17],[18], ya que suelen retirar el apoyo a los profesores, a favor de sus hijos, incipientes o ya declarados narcisistas. La sociedad narcisista inunda los patios de colegios e institutos y, a pesar del clamor de docentes y jueces de menores famosos como el Juez Calatayud[19], se exige a los profesores que se adapten a impartir sus materias en un clima de murmullo constante, cuando no de obstrucción a la docencia en sí.

La toma de conciencia de la inundación de narcisismo asusta. Estamos en medio de la sociedad del "porque yo lo valgo". Hay narcisismo en el mundo diario y la tendencia es a aumentar. Las repercusiones de estos hechos aún no se han dejado plasmar en la investigación social, porque en realidad no son nada nuevo, pero no tardarán en hacerse notar.

¿Quién es considerado "narcisista"?

El diagnóstico de "narcisismo"

Desde el punto de vista de la evolución, nuestra especie (como todas las demás especies) ha precisado del ejercicio de conductas narcisistas para adaptarse al medio hostil y sobrevivir, ganando la partida a otras especies y a otras subespecies. Asimismo, es gracias al narcisismo que los individuos más dotados se abren paso en la competencia por los recursos y pueden propagar sus genes. Hasta ahora, el esquema ha tenido éxito y se repite en cada generación. Por ello, pasar del narcisismo "normal" al patológico no siempre está claro, y de esta dificultad de precisión de los síntomas-clave como verdaderamente patológicos parte la complejidad de diagnóstico del cuadro clínico.

Además, es difícil diagnosticar a alguien como "narcisista" porque, como hemos visto, vivimos en un mundo muy, muy, narcisista. Es posible que por esta inmersión cotidiana nos hayamos alejado de indagar en los casos de estas personas y en su gran toxicidad. Al estar sumergidos en un ambiente cada vez más egoísta, encontrarse a individuos con idénticas características de la sociedad donde viven no es más que una redundancia. Las personas con este tipo de personalidad se mimetizan muy bien en los escenarios donde el yo-mismo hipertrofiado es la norma y no la excepción. El que lo sea más o menos que otros, a estas alturas, carece de importancia.

La combinación de síntomas, conductas y rasgos preponderantes del narcisismo es inmensa. Además de esta variabilidad, el constructo se hace difícil de detectar por varias razones.

En primer lugar, el narcisismo es un trastorno dimensional, con límites mínimos y máximos desdibujados, como los demás trastornos de la personalidad, y la "rareza" (o patología) de algunos de ellos no es muy evidente en sí misma. Se puede ser poco, bastante o muy narcisista. ¿Existe un narcisismo normalizado? ¿No pensamos todos que alguien nos envidia? ¿No sacamos provecho de otras personas para alcanzar nuestras propias metas? ¿No creemos ser "especiales" y deseamos tratarnos con gente de nuestra "cuerda"?

Aunque parece haber un gran acuerdo sobre los rasgos que caracterizan a las personas que padecen el trastorno de personalidad llamado "narcisista" (ver tabla 1), la clínica es variable, lo cual dificulta su diagnóstico.

En segundo lugar, el trastorno narcisista es difícil de detectar a nivel profesional como patología única. Los narcisistas NO van a consulta: son demasiado buenos para necesitarlo y, cuando van, mienten sobre todo aquello que no les interese que se sepa. Más adelante ahondaremos en esta característica.

En tercer lugar, y por último, está el problema de la comorbilidad de los trastornos de personalidad: cuando encontramos en ciertas personas síntomas de narcisismo en ciertas personas, es probable que asociemos otro trastorno de la personalidad, lo cual resulta ser un gran problema de confusión en el diagnóstico.

Criterios diagnósticos del Trastorno Narcisista de la Personalidad

1. Tiene un grandioso sentido de autoimportancia (p. ej., exagera los logros y capacidades, espera ser reconocido como superior, sin unos logros proporcionados).

2. Está preocupado por fantasías de éxito ilimitado, poder, brillantez, belleza o amor imaginarios.

3. Cree que es "especial" y único y que sólo puede ser comprendido por, o sólo puede relacionarse con otras personas (o instituciones) que son especiales o de alto status.

4. Exige una admiración excesiva.

5. Es muy pretencioso, por ejemplo, expectativas irrazonables de recibir un trato de favor especial o de que se cumplan automáticamente sus expectativas.

6. Es interpersonalmente explotador, por ejemplo, saca provecho de los demás para alcanzar sus propias metas.

7. Carece de empatía: es reacio a reconocer o identificarse con los sentimientos y necesidades de los demás.

8. Frecuentemente envidia a los demás o cree que los demás le envidian a él.

9. Presenta comportamientos o actitudes arrogantes o soberbios.

Tabla 1. Criterios diagnósticos del trastorno narcisista de la personalidad según la CIE-10.

Adicionalmente, para complejizar aún más el asunto, encontramos aquí el efecto de la variable "sexo". Con alta frecuencia los hombres con rasgos patológicos de narcisismo suelen ser diagnosticados como "psicópatas", mientras que las mujeres con estos comportamientos se consideran "histéricas". El caso del "asesino de la baraja", es un ejemplo del primer caso. Los psiquiatras que lo examinaron dijeron en la vista oral que Alfredo Galán mostraba rasgos esquizoides, evitativos, narcisistas y psicopáticos. No obstante, lo consideraron imputable de cara al veredicto y al cumplimiento de la pena[20].

Es preciso ahora diferenciar el narcisismo de la psicopatía. Se asume que todo psicópata es narcisista, pero no todo narcisista es psicópata. Antes que un continuo de gravedad, se habla de "el núcleo narcisista" de la psicopatía. Para que un narcisista cruce el límite hacia la psicopatía tiene que mostrar unos comportamientos aberrantes por su crueldad e indiferencia hacia la legalidad y mostrar placer con ello. No hay que olvidar que la gran mayoría de los delitos tienen su base en la identidad narcisista de los delincuentes, con lo que se augura que, dado que estamos cultivando el narcisismo social, lejos de disminuir, los delitos aumentarán con el tiempo, posiblemente de una manera exponencial.

Independientemente de la tolerancia del narcisismo en la vida cotidiana, del problema de la comorbilidad, de que es infrecuente que los pacientes con alto nivel de egoísmo y conductas de abuso hacia los demás acudan a consulta especializada, y de la tendencia a sobreestimar, o minimizar, o confundir, los diagnósticos en función de la variable "sexo", se estima que la prevalencia del trastorno de personalidad narcisista está entre el 1% y el 16% en la población clínica y el 1% de la población normal, siendo varones el 75% de los narcisistas (APA, DSM IV-TR, 2000).

Las víctimas del narcisismo

La variabilidad en la dimensión "narcisismo" puede provocar, no solo que no detectemos a quienes padecen el trastorno, sino que minimicemos sus efectos. Debo asumir que, cuando me propuse escribir sobre el narcisismo, no me había dado cuenta de la cantidad de víctimas que producía.

El maltrato psicológico en general suele pasar desapercibido en las investigaciones, por su dificultad de detección (Gómez de Terreros, 2006; Muela, 2008); no obstante, Loue (2005) consideró que era un problema creciente. Varios autores han considerado que este tipo de maltrato es un elemento central en el maltrato infantil (Barnett, Manly y Cicchetti, 1993; Garbarino, Guttman y Seeley, 1986; Hart y Brassard, 1991; Rosenberg, 1968). No obstante, en los estudios sobre violencia intrafamiliar, los trabajos de investigación referidos a maltrato psicológico fueron limitados (De Paul, 1999). Una excepción a esta regla es el estudio de Fernández Fernández (2014). En la muestra total de niños y adolescentes en acogimiento legal, el 97,7% de los/as menores sufrieron negligencia física/emocional o ambas, el 81,4% recibió maltrato emocional, el 44,2% maltrato físico, el 4,7% fue víctima de abuso sexual, y el 31,4% fue testigo de violencia de género.

Asumimos como cierto que las víctimas de delitos han sido menos estudiadas que sus agresores. La victimología es una disciplina que no ha sido muy desarrollada aún. El paradigma de estudio de los trastornos que sufren las víctimas es el Trastorno de Estrés Postraumático (TEPT), pero esta categoría diagnóstica es un cajón de sastre, ya que incluye tanto a aquellas personas que han presenciado un accidente mortal de tráfico, o han sobrevivido a un atentado (por ejemplo, el 11-M), como a las que han sufrido una amputación o una violación. Los síntomas del TEPT son similares, en cuanto a que se ponen en marcha mecanismos neuronales y endocrinos similares, pero el abordaje terapéutico de unos y otros no puede, ni debe, ser el mismo. Igual ocurre cuando el maltrato no es episódico sino mantenido en el tiempo.

En el caso de las víctimas de las madres narcisistas el paradigma del TEPT no resulta ser muy explicativo, ya que se trata de un maltrato crónico desde la infancia y, además, es aún más difícil de detectar que la propia patología narcisista. Cuando han acudido a consultas psicológicas y psiquiátricas, en escasas ocasiones se ha puesto en relación lo que padecían con la causa última de su mal: el narcisismo de sus madres. La razón de la indetectabilidad es que no suele ser la queja principal de sus dolencias. Pocos pacientes acuden a las consultas psicológicas o psiquiátricas por este motivo, y los que acuden no lo consideran un verdadero problema cuando piden ayuda. Es a partir del conocimiento más profundo de la persona —y de "saber oír" más allá de sus quejas presentes—, cuando se puede llegar a un diagnóstico tan poco frecuente en las consultas de Salud Mental, comparado con otros trastornos de la personalidad con origen en experiencias traumáticas de la infancia.

Las primeras víctimas de narcisismo materno que pude examinar con profundidad estaban ingresadas en la Unidad de Hospitalización de Salud Mental donde trabajé durante 26 años. Me llamó la atención que ellas pidieran al personal que no dejaran entrar a sus madres para visitarlas. Esta extraña petición me alejaba de ellas: cuando yo he estado hospitalizada, a la primera persona que quería tener a mi lado era a mi madre. Muchos pacientes en crisis prefieren no recibir visitas al inicio de la hospitalización, por eso no me extrañé demasiado. El indagar en por qué ellas no deseaban lo mismo que yo, me llevó a su mundo complejo de emociones confusas sobre sus madres. Todo cobró sentido: era una relación que les causaba dolor y no querían añadir más al que ya tenían. Recuerdo sus nombres y sus historias como si el tiempo no hubiera pasado. Cuatro de ellas eran mujeres y uno era varón, estaban casados, tenían hijos, a los que amaban, parejas estupendas que los cuidaban en su enfermedad, y el motivo de su ingreso era el mismo: intento de suicidio. Se consideraba que su personalidad era patológica: histriónica o evitativa, con rasgos límites. Con todos los pacientes hice una relación terapéutica suficientemente buena para que me revelaran sus pasados, pero fueron sobre todo las mujeres las que se mostraron más abiertas y comunicativas. Unas me escribían su historia, otras me la contaban. Curiosamente, el personal de enfermería no tenía un buen concepto de estas pacientes. Las consideraban "consumidoras excesivas" de recursos sanitarios y les urgía que le diéramos de alta. En realidad, no se tomaban muy en serio sus quejas de depresión y ansiedad ni sus intentos de suicidio. El caso del único varón que pude detectar en la Unidad de Agudos fue un caso terrible.

Francisco era enfermero vocacional y estaba considerado como un gran profesional por sus compañeros. Estaba casado y tenía dos hijas ya adultas, una de las cuales preparaba su boda. Su esposa no trabajaba fuera de la casa y era una mujer elegante y extrovertida. Él, sin embargo, era callado y taciturno. Ingresó por intento suicida con psicofármacos. Inicialmente se detectó un abuso y adicción a los tranquilizantes que hubo que tratar médicamente. A lo largo de su ingreso se detectaron otras conductas patológicas: comportamientos compulsivos de orden y, sobre todo, de reaseguración: llamaba insistentemente a su esposa e hijas por teléfono, y cuando estaba con ellas les preguntaba lo mismo una y otra vez.

Indagando sobre su psicobiografía en entrevistas con su esposa, apareció nítidamente la figura de su madre como provocadora de conflictos en la pareja. Ella lo había criado como su niño mimado, mientras que a su hermana la había subyugado. A él no parecía importarle, pero al casarse, la madre se contrarió sobremanera y se entremetía en su vida diaria, intentando influenciar en todas las decisiones que él tomaba. Lo que había sido indiferente para él a lo largo de su vida, comenzó a crearle problemas con su mujer, que él no solucionaba y que sí intentaba esconder, ocultándole a su esposa las llamadas telefónicas y visitas que hacía a su madre. Para una persona tan rígida, la mentira era fuente de ansiedad y recurrió a los tranquilizantes, que podía conseguir fácilmente por su profesión.

Cuando la esposa lo descubría, tenían una gran bronca, y fue en una de ellas cuando ella le dio un ultimátum: "O tu madre o yo". Él optó por mantener a su propia familia, pero la madre enfermó (o no enfermó tanto como decía) y lo reclamaba, convencida de que su hijo le pertenecía y que antes de nada debía atenderla en su enfermedad. Inventaba dolencias y desmayos para que él tuviera que acudir a su lado. La esposa al principio cedió, pero luego vio que solo se trataba de una estratagema de la madre para conseguir que las aguas volvieran a su cauce y volvió a darle el ultimátum. Entonces él intentó suicidarse.

Son las historias de estos primeros pacientes que me hablaron de sus madres como seres "diferentes", de las que los ojos ajenos a los de sus hijos dirían que eran "insufribles", las que me hicieron reflexionar sobre qué ocurría cuando las madres no somos lo que la sociedad cree que somos: abnegadas, cariñosas e incondicionales.

> *Mara es una gran mujer con un potencial creativo inmenso. La conocí y traté en la Unidad de Psiquiatría, donde "descubrimos" que probablemente sus problemas se componían de las secuelas de haber tenido una madre narcisista. Su historia clínica era la de cualquier mujer con historia de depresiones recurrentes. Había estado en tratamiento por psiquiatras famosos en sus consultas privadas y había tomado casi todos los antidepresivos del mercado. Ella cuidaba a sus padres, ya ancianos, en la distancia de unas cuantas calles en su pueblo. Los visitaba casi a diario. Estas visitas tenían un coste. Era como si al ir allí le succionaran la energía vital. Tratamos (y seguimos tratando) este problema en las revisiones que aún mantenemos.*

Después de ello, me dormí. La realidad clínica me había mostrado las huellas de la enfermedad de los padres en los hijos, pero hasta entonces no había sabido del dolor producido por el narcisismo materno. ¿No quise saber más de este tema porque entré en un fenómeno de negación? No quería pensar que Francisco, Damiana, Juana María, Mara, Montserrat y Rocío fueran otra cosa más que tragedias puntuales, ni que otras niñas pudieran sufrir tanto por culpa de sus madres. Ni siquiera cuando conocí a una madre narcisista maligna como paciente, Antonia, y hablé con sus hijas, ya adultas (quienes ante el divorcio de su madre, casada en segundas nupcias, se pusieron de parte de su padrastro en lugar de apoyar a su madre), pude asociar que se trataba del mismo caso. Las madres que yo conocía no dañaban a sus hijas. No podía ser posible.

Esta perspectiva me ha hecho contemplar una interpretación fenomenológica diferente. Fue después de mi primera conferencia sobre este tema cuando aprecié que la sociedad tomaba conciencia de que el narcisismo maligno no solo era cosa de hombres: el caso del niño Gabriel, el "Pescaíto", asesinado por Ana Julia Quezada en 2018, nos abrió los ojos: las mujeres también podemos matar por un narcisismo extremo (el narcisismo maligno se acerca a la psicopatía), y las víctimas pueden ser los propios hijos, como es el caso de la poco conocida madre de la niña Kiara, de 9 años, en enero de 2019. Aunque no todas las mujeres, en general, y las madres, en particular, somos buenas, buenas, buenas, como la sociedad y la ley nos inducen a creer, ambas mujeres han sido la primera y la segunda, respectivamente, condenadas a prisión permanente revisable[21]. Se supone que las madres somos abnegadas, altruistas, y que protegemos a nuestros hijos, siendo capaces de dar la vida por ellos. No estamos predispuestos para ver que una madre puede no ser así. Tal vez por ello, la invisibilidad de las víctimas cuando las agresoras son mujeres es alarmante. Un ejemplo de esta invisibilidad es que nos cuesta creer que las madres lleguen a cometer el asesinato de sus hijos.

En cuanto a los asesinatos de niños cometidos por sus madres, es un hecho curioso que el Gobierno de España (tanto el Gobierno del PSOE como el del PP) haya ocultado estos hechos desde hace una década (en los registros oficiales del INE solo aparecen cifras globales del número de niños asesinados sin especificar el agresor, y en el portal estadístico de la violencia de género, el número de niños asesinados por sus padres o parejas de sus madres[22] desde 2009[23]). En el estudio inicial sobre filicidio de Resnik (1969), la mayor autoridad en el tema, los niños asesinados por sus madres suponían el doble de los que lo eran a manos de sus padres (88 vs.43). En España el Ministerio del Interior, en su estudio realizado sobre los datos de los años 2010 a 2012, concluye que la mujer mata con más frecuencia que el hombre en el ámbito doméstico (exceptuando la violencia de género), y que la mujer mata con más frecuencia que el hombre a recién nacidos y a menores de edad (González Álvarez, Sánchez Jiménez, López Ossorio, Santos y Cereceda 2018). Sin embargo, se estima que los niños víctimas de madres o madrastras superan a los asesinados por sus padres en España (desde 2012 a 2017 son 20 los niños muertos a manos de los padres, y 25 a manos de sus madres o madrastras)[24]. Una investigación periodística más reciente (Sharife, 2020) señala que, haciendo un rastreo diario sobre la violencia que en España se ejerce sobre los menores, "se desvela una realidad amarga. De los 22 filicidios (matar al hijo), el año se salda con 12 asesinatos a manos de la madre, cinco a manos del padre, un menor a manos de ambos progenitores y otro menor a manos de su madre y su pareja". Sin embargo, la cuestión dista de estar clara, ya que un reciente meta-análisis (investigación estadística sobre los estudios publicados en revistas y estudios científicos a nivel mundial), llevado a cabo por Stöckl, Dekel, Morris-Gehring, Watts, y Abrahams (2017), no encuentran diferencias de sexo entre los agresores: 58.4% de las mujeres y 46.8% de los varones. Pero, como señalan estos investigadores, en muchos lugares las tasas de homicidios no son completas, y falta información sobre la relación entre la víctima y el agresor, lo

sus hijos que variaba en lo anecdótico, pero que seguía un patrón estable y común, con escasa variabilidad. Además de la culpabilidad, las víctimas sufrían una baja autoestima (por un pobre autoconcepto), un estado de ánimo crónicamente bajo, y solían plegarse a los deseos de otras personas con facilidad, siendo muy proclives a aceptar como normales los abusos (ver tabla 2). Por ello suelo preguntar por la personalidad de la madre cuando la paciente me habla de que se siente culpable con frecuencia. Si esto no depende de su estado depresivo, circunstancial y actual, sino que perdura desde su adolescencia o los inicios de su vida adulta, lanzo la hipótesis de que el origen de su mal podría estar en su infancia, en una madre narcisista.

Señales observables de que una paciente puede ser víctima de una madre narcisista.

- Culpabilidad

- Baja autoestima (pobre autoconcepto)

- Depresión crónica

- Se pliega ante derechos de otros (poco asertiva)

Tabla 2. Signos de sospecha de encontrarnos ante una víctima de madre narcisista

Ya la Dra. Linda Basson, psicóloga, en su libro Surviving narcissistic abuse (2013), señaló que detrás de síntomas ansiosos y depresivos puede estar una víctima de relaciones narcisistas.

Para las víctimas de una madre narcisista, el sufrimiento consiste en tomar conciencia de la frase que, pronunciada en la más absoluta intimidad, sin que nadie la oiga jamás, da título a este libro:

¿Por qué no me quieres, mamá?

Capítulo 2

DE LAS AGRESORAS:

La vida de una mujer narcisista

Mothers don't hate her child.
(Las madres no odian a su hijo).

Beth, la madre de la película *Gente Corriente*, R. Redford (1980)

Passion, you see, can be destroyed by a doctor.
It cannot be created.
(Un médico puede destruir la pasión. No crearla).

Equus, Peter Shaffer (1977)

Pocas veces he tenido la oportunidad de tratar en psicoterapia más que a unas pocas mujeres narcisistas y, si lo he hecho, no me he dado cuenta. Los narcisistas solo van a recibir consejo o ayuda cuando las cosas se les ponen muy muy feas para ellos y se deprimen. Una persona narcisista se siente herida con facilidad (lo que los psicoanalistas llaman "la herida narcisista"), y eso es algo que difícilmente pueden superar. Esa herida puede producirse por causas leves —un desaire, un plantón— o más graves, como el abandono de un amante, una pérdida económica, o un grave problema de salud.

El paciente narcisista más claro que he tratado acudía porque tenía una enfermedad seria y estaba pendiente de obtener una pensión de jubilación por esta causa. Pensaba que los informes psicológicos podían ayudarle a conseguirla. Yo estaba segura de que, una vez que la hubiera conseguido, dejaría de acudir a la consulta. Y así fue.

Otra paciente es madre de una de mis víctimas y vino a mí por consejo de esta última debido a que otra de sus hijas, la pequeña, anteriormente protegida por ella, padece un narcisismo menos evidente (al cual yo identifico con el trastorno negativista de la personalidad, como variante del narcisismo), y la somete a vejaciones e insultos casi a diario.

Cuando se produce una "herida narcisista", la persona entra en una depresión caótica. El mundo se le vuelve del revés. No merece ese trato por parte de la vida. Las demás personas, puede que sí, pero ella no, indiscutiblemente. Tiene dificultad para "encajar el golpe" y se siente perdida. Sin embargo, las personas con un trastorno narcisista (al igual que las personas con trastornos psicopáticos) rara vez son capaces de cometer suicidio[1]. Se quieren, y se consideran demasiado valiosos como para privar al mundo de su presencia. Por ello, cuando consiguen un alivio en sus problemas superficiales, no vuelven más a recibir tratamiento. Esta experiencia es compartida por otros terapeutas, y la Dra. Basson (2013) añade que les suele ir bien en las primeras sesiones, ya que tienen a alguien que las escuche, pero en cuanto se les hace el primer señalamiento de que están en un error, o se le sugiere que debe asumir su parte de responsabilidad, se sienten profundamente heridas, y no persisten en la terapia.

Para todos nosotros es difícil considerar que una persona puede ser considerada como "narcisista" todo el tiempo y en todas las situaciones. En el narcisismo ocurre como en el refrán *"De poetas y de locos (en este caso, de narcisistas), todos tenemos un poco"*. Como ya se ha apuntado, todos nosotros podemos ser narcisistas en un momento determinado. ¿Quién no ha querido salirse con la suya, anteponer sus deseos a los de los demás, ser el centro de la atención, llevar la razón en las discusiones, o culpar a otro de los errores y problemas propios? ¿No conocemos a (mucha) gente así? No es nada raro o inusual. Entonces, ¿por qué unas personas, y no otras, son consideradas narcisistas?

UNA PERSONA NARCISISTA ACTÚA DE MANERA NARCISISTA CASI SIEMPRE Y A LO LARGO DE TODA SU VIDA

Sus relaciones se ven enturbiadas por este comportamiento. Los narcisistas se ven solos y acaban solos al final de sus vidas, si viven lo suficiente. Las clasificaciones de las enfermedades mentales ponen el acento en esto, pero olvidan que a los narcisistas no les importa estar solos, si eso implica que los demás están equivocados. Lo que quieren obtener de los demás no es su compañía sino ejercer el control sobre ellos; por lo tanto, si no es posible que la obedezcan y alaben, ¿para qué los quieren? Serán un estorbo y, por tanto, rechazados.

He tenido que inducir los detalles de las vidas de las madres narcisistas y, aunque no hay una regla común, sí patrones de conducta comunes a todas ellas. Pueden provenir de una familia pobre o no; ser hijas de madres narcisistas o no; tener o creer tener un aspecto fabuloso o no; ser religiosas rígidas o no. Las madres narcisistas pueden considerarse así por sus comportamientos hacia las personas que las rodean, y es en esto en lo que son extremadamente parecidas.

Basson (2013) cita varias características que, consideradas en conjunto, podrían darnos un panorama de cómo sería una persona narcisista:

- Falta de empatía.
- Incapacidad de tomar la responsabilidad durante el conflicto.
- Incapacidad para pedir perdón.
- Incapacidad para ver los propios defectos e imperfecciones.
- Incapacidad para reconocer debilidad.
  Favoritismo abierto.
- Buscan el drama en las relaciones.
- Ponen sus necesidades por encima, incluso en detrimento de los demás.
- Incapacidad de formar un apego maduro.
- Pensamiento absolutista (blanco/negro; todo /nada).
- Dificultad con el perdón genuino.
- Mantienen resentimiento.
- Fachada superficial de ser una persona encantadora.

Si el lector tiene dudas sobre si él mismo es una persona narcisista, puede realizar un cuestionario de personalidad que ha recibido mucho respaldo de la investigación sobre el tema: el Narcissistic Personality Inventory (NPI) (Raskin y Terry, 1988), en su versión de 40 ítems, que puede ser completado también online[2]. No obstante, deberé advertirle que es muy difícil que un narcisista responda con sinceridad a los tests y cuestionarios que se refieran al sí-mismo. Por este motivo, la exploración de la personalidad narcisista mediante medidas de autoinforme es complicada: se darán falsos negativos con demasiada frecuencia (ver más adelante, en este mismo capítulo: las mentiras de las personas narcisistas). Si se desea saber si alguien es realmente narcisista será más adecuado que alguna persona cercana responda al mismo cuestionario. Si usted se atreve a hacerlo, es posible que de esta manera se enfrente al autoengaño narcisista, o pueda respirar tranquilo si su puntuación está dentro de la normalidad.

Madres tóxicas y madres narcisistas.

Como ya se ha mencionado, hay un acuerdo tácito —casi universal— que dota a la maternidad de una impunidad que no siempre se cumple. Las madres tenemos, para la sociedad, por nuestra capacidad de dar la vida a otro ser, la presunción de bondad, lealtad, dedicación y amor infinitos. De acuerdo con Gibson (2015), existen preceptos que se nos han inculcado socialmente que nos impiden ver a nuestros padres con objetividad:

√ *Todos los padres quieren a sus hijos.*
√ *Los padres son personas en las que siempre se puede confiar.*
√ *Tus padres no te fallarán nunca.*
√ *A tus padres puedes contárselo todo.*
√ *Tus padres te querrán incondicionalmente.*
√ *Siempre puedes volver a casa.*
√ *Tus padres saben más que tú.*
√ *Cualquier cosa que hagan tus padres, lo hacen por tu bien (pp. 219-220).*

Esta autora denomina a las madres que de una manera u otra dañan a sus hijos como "inmaduras", y no hace diferencia entre madres y padres, ya que en el título de su libro: Hijos adultos de padres emocionalmente inmaduros, incluye a ambos progenitores. Sin embargo, a lo largo de todo el libro las alusiones a los padres son escasas, y es la figura materna la que se ve más involucrada en la cuestión.

Hablar de madres tóxicas y narcisistas no está exenta de riesgo hoy en día. No es políticamente correcto en un mundo que se ha propuesto paliar las diferencias de género favoreciendo a las mujeres. Hablar de narcisismo femenino es atacar la buena imagen que se pretende dar de las mujeres, y enseguida te considerarán "sospechosa" de antifeminismo. En realidad esto, además de una actitud acientífica, es un gran desconocimiento del hecho de que las madres narcisistas son profundamente machistas, algo que será objeto de análisis posteriormente. Conocer un fenómeno tan dañino puede colisionar con la idea de bondad intrínseca y altruismo perenne que se nos otorga a las mujeres por el hecho de serlo, pero esconder la cabeza bajo el ala del feminismo actual, del "yo sí te creo"[3], impedirá que ayudemos a las hijas de este tipo de madres, y esto, desde mi punto de vista, no tiene justificación ética.

El daño que una madre puede hacer a una hija proviene de su comportamiento en la intimidad, fundamentalmente. Ese daño oculto es el factor común en las madres que podemos denominar "inmaduras", "tóxicas", o "narcisistas". Es preciso recurrir a los parámetros que definen la conducta anormal para calificar el comportamiento de una madre como tóxica. Estos parámetros son: frecuencia, intensidad, duración y topografía. La extensión del daño ejercido, además de la resiliencia de la propia hija, determinaría que esta se resienta y presente algún tipo de trastorno en la vida adulta como efecto de este daño.

¿Qué tienen en común las madres tóxicas y las madres narcisistas? ¿Qué las diferencia?

Dejando al lado las madres psicopáticas, "narcisistas perversas", que dañan a sus hijos hasta poder provocarles la muerte por agresión[4], desnutrición[5], o abandono extremo[6], definiremos dos clases de madres inadecuadas: las tóxicas y las narcisistas.

Es innegable que una madre narcisista es tóxica para su familia, pero no todas las madres tóxicas son narcisistas.

Figura 1: Todas las madres narcisistas son tóxicas, pero no al contrario.

A priori podemos diferenciar entre madres tóxicas y madres narcisistas en cuanto a que el centro de la atención de las madres tóxicas no se centra necesariamente en sí mismas en detrimento de su prole. Una madre narcisista sí antepone sus propias necesidades, reglas, prioridades, caprichos, y opiniones a las de sus hijos. No hay otra manera de estar con ellas que ser un súbdito obediente. Lo que hace venenosas a las madres tóxicas es que son excesivamente cuidadoras de sus retoños. Se dan por entero, pero piden lo mismo a cambio. De esta manera, "asfixian" a sus hijos, no dejándolos vivir una vida propia, independiente y plena, invadiendo constantemente su intimidad en todas las esferas de la vida.

Rosaura es una madre "tóxica" que vive con su única hija, Camila. Rosaura trabaja como peluquera en su propio domicilio y Camila, en un estudio de arquitectura de la misma ciudad. Rosaura se queja continuamente de que Camila no le cuenta nada de su novio, que vive fuera del país, y con el que tiene problemas a causa de la distancia. Llora durante la entrevista porque ella y su hija apenas hablan, y cuando lo hacen es para discutir. Presenta a su hija como egoísta, desordenada y poco cariñosa. Cuando Camila vino acompañando a su madre, la invité a que se quedara en la entrevista. Describió a su madre como controladora en extremo; le hacía preguntas como si se tratara de un interrogatorio policial, y le marcaba el cuándo y el modo "correcto" (es decir, a la manera de la madre) de hacer cualquier tarea doméstica, a pesar de que ella había estudiado fuera de la ciudad y había vivido sola durante seis años. Camila tenía la sensación de que su madre no la dejaba crecer, y evitaba hablarle de su vida "porque se metía en cosas que no le debían interesar". Reaccionaba boicoteando los gustos de la madre, no yendo con ella a pasear, siendo desordenada o demorando sus tareas. Rosaura llegaba a estados de crispación en los que insultaba a su hija gravemente ("eres igual que tu padre" – un hombre que les hizo la vida imposible durante los primeros años de vida de Camila). Ambas mujeres lloraban en la consul-

ta. *Se podía percibir que se amaban, pero no podían convivir conforme a lo que les dictaban sus sentimientos.*

El prototipo cinematográfico de una madre tóxica se encuentra en la película *La extraña pasajera* [7], que narra la historia de Charlotte Vale (Bette Davis), la hija solterona de una orgullosa familia de Boston, sometida a la voluntad de su madre, quien desde el principio dirigió su vida, y marcó qué debía (o no) pensar, decidir y hacer, apoyándose en un sentido de propiedad sobre su hija desde su nacimiento, como se desprende del siguiente fragmento del diálogo que la madre de Charlotte tiene con el psiquiatra que va a examinar a su hija:

Charlotte era una niña tardía. Eran tres niños y después de mucho tiempo nació esta niña, "la niña de mi vejez", siempre la llamaba así... Su padre falleció poco después de que naciera mi "patito feo"... La he mantenido cerca de mí siempre. Cuando era joven y tonta, tomé decisiones por ella, siempre las decisiones correctas. Uno pensaría que una niña desearía pagarle a su madre su amor y su amabilidad.

A lo largo de la película, se pone de manifiesto que la madre le ha impuesto una manera de vestir poco estética, incluso haciéndole llevar unas gafas que no necesitaba para afear su aspecto, y alejarla de la posibilidad de que encontrara pareja y se separara de su lado. Sin embargo, si exceptuamos la imposibilidad de que lograra su independencia como ser humano, su madre la colmaba de todo tipo de comodidades.

Más recientemente, otra película describió la relación de una madre tóxica con su hija: *La fuerza del cariño* [8]. En ella, la madre, Aurora, dominante, intenta que su hija no se case con su novio. En una escena, se produce el siguiente diálogo entre ambas:

> Aurora: *Simplemente no quiero pelear más.*
>
> Emma: *¿Qué quieres decir? ¿Cuándo peleamos?*
>
> Aurora: *¿Cuándo peleamos? Me impresionas. Siempre pienso en nosotras peleando.*
>
> Emma: *Eso es solo cosa tuya. Eso es porque nunca estás satisfecha conmigo.*

A veces es difícil diferenciar si una madre es narcisista o tóxica, ya que el efecto que genera en su víctima es la culpabilidad por enfadar a su madre y perder su cariño, al salirse de las normas impuestas. Las hijas de estas madres sufren mucho y lloran por no poder tener una convivencia normalizada con sus respectivas madres.

Rebeca es médica. Su padre murió cuando era niña, por lo que ha sido su madre la que ha trabajado para proporcionarle sus estudios universitarios. Ha tenido varias parejas, y todas han resultado ser personas abusadoras, y su relación con ellas era de dependencia. Ahora vive con su madre, a pesar de tener una vivienda propia. Su madre tiene las llaves de su piso, comprado con su sueldo, y cuando ella se va a trabajar la madre entra a escudriñar todos los recovecos de la casa y sus objetos personales. La madre guía su vida y le señala qué ropa debe llevar, qué debe comer y con quién debe ir a pasear (y con quién no). Menos al trabajo, su madre la acompaña a todos lados. Rebeca es muy insegura. Ya no se fía de sus elecciones con los hombres, y apenas tiene amigas. Como profesional es responsable y trabajadora, pero su inseguridad está afectando a su trabajo, y actualmente está de baja laboral. En la consulta reconoce que es incapaz de enfrentarse a su madre incluso para decirle que quiere ir al gimnasio, o a nadar a la piscina de una amiga porque su madre no quiere que vaya donde ella no puede acompañarla.

Podemos asumir que, a pesar de la gravedad del problema de Rebeca, la madre no ha dado muestras de narcisismo, aunque es evidente su toxicidad con su hija. Toda la vida la ha cuidado y ha velado por ella, renunciando a gastos, viajes y salidas para que a su hija no le faltara una buena educación. Las madres narcisistas, por el contrario, además de controladoras (lo son en su propio beneficio), son egoístas, y pueden ser muy negligentes en el cuidado de sus hijos.

Ana es topógrafa. Su madre se divorció de su padre antes de que ella naciera. Su madre vino a consulta aquejada de depresión, y en la entrevista se puso de manifiesto que la mayor parte de sus pensamientos negativos se centraban en cómo su hija no se comunicaba con ella, discutían mucho y Ana no la acompañaba a ningún sitio. Cuando vi a Ana a solas en la consulta, le expliqué que su madre no había acabado de parirla, que la consideraba parte de sí misma y que necesitaba que ella siguiera todos sus pasos, su modelo y su imagen; y que cuando ella no lo hacía, su madre la presionaba porque con esa actitud conseguía que Ana hiciera todo o parte de lo que su madre deseaba. Todo, menos hablarle de su mundo interno, que era el único reducto de individualidad que le quedaba a Ana. Comprendió que si quería ser una persona independiente debía hacer un esfuerzo por "nacer". Ya había pensado en hacer mudanza e irse a vivir a un piso donde tenía su taller, a dos calles de distancia.

En estos casos se hace verdadera la afirmación de Estela Weldon (2014) sobre cómo las mujeres consideran que sus hijos son *"una prolongación de su propio cuerpo, un objeto parcial de naturaleza fetichista. A veces ven a sus hijos como su parte saludable y otras, como un reflejo infravalorado de sí mismas. (…) La cuidadora atribuye a la persona que se encuentra a su cargo toda la tristeza y la necesidad que es incapaz de reconocer en su propia persona"* (p. 129). Esta manera de actuar podría categorizarse como un mecanismo de defensa yoico, la "identificación proyectiva". En ella se asume la no diferenciación de la identidad materna y la de su retoño. La madre no cumple los criterios conductuales de las figuras narcisistas, pero en el fondo, la mitad del tiempo actúa como tal: cuando no obtiene lo que quiere de su hija, cuando esta no se comporta como su madre espera, desata su ira hacia ella, la critica y la hiere, como si el no obedecerla fuera el peor crimen que pudiera cometer. La otra mitad del tiempo busca su apoyo, su cariño y su dedicación, mendigándolo incluso. En esos momentos, ella es la hija que busca el amor de mamá y no al revés. La hija tiene dos posibles actitudes ante su madre: acatar obediente las demandas de su mamá (ahora convertida en hija), o rebelarse y no ceder a las peticiones abusivas de su madre. La primera acabará llevando a la hija a la consulta psicológica tarde o temprano. La segunda actitud conformará una conducta de oposición, que puede convertirse en habitual.

Un ejemplo de lo descrito es el de Vivian Gornick, emblemática activista de la segunda generación del feminismo, autora de la novela *Apegos Feroces* (1987), en la que relata la relación con su madre (depresiva y tóxica para ella). Gornick responde en una entrevista a la revista *Mujer Hoy* en 2018 [9]:

> *La mayor parte de mi vida la percibí como una mujer dominante, que lo único que quería de mí era que saciara sus deseos y necesidades. No es que la odiara, pero crecí luchando contra ella... Sentía que competía conmigo constantemente (...) Vives tratando de satisfacer expectativas. Mi madre nunca fue mi amiga, y no es que la odiara, pero reconozco que construí mi identidad en oposición a ella. (...) Cuando un amigo me dice que le he hecho daño —y créeme, he sido acusada toda mi vida de ser intelectualmente desdeñosa y de tratar a la gente con aires de superioridad—, me lo tomo muy en serio. Lucho por escucharle. Sin embargo, siempre que me lo ha dicho una pareja o un amante, además de no escucharlo, lo he rebatido.*

La falta de empatía es el denominador común de las madres narcisistas (McBride, 2013). No obstante, este déficit se manifiesta de muchas maneras. No solamente hacia ellas, sino hacia todo lo que les rodea.

> *Úrsula fue insultada por su madre cuando tenía quince años, al comentar con ella los asesinatos de ETA, que consideraba una barbarie. Su madre le espetó: "¡Eres una canija mental! ¡No te das cuenta de que las mujeres de los Guardias Civiles que mueren cobran una pensión enorme!"*

Karyl McBride (2013) también señala al respecto que hay dos grandes tipos de madres narcisistas: las negligentes y las absorbentes. Las negligentes abandonan el cuidado de sus hijos, al igual que las absorbentes exigen su presencia y obediencia incondicional, en su propio beneficio.

> *Noemí y Ruth son dos hermanas casi de la misma edad. Cuando salen del colegio, con sus uniformes de colegio privado del centro de la ciudad, van a la cervecería más cercana a su casa. Allí está su madre, sentada con unos amigos, tomando cerveza y mariscos. Ellas preguntan: ¿Qué vamos a comer hoy? Su madre les responde: "Yo como aquí, vosotras id a casa y haceros unos macarrones con tomate".*

Podemos asumir que las madres negligentes son las más narcisistas de todas las madres tóxicas: se centran en sí mismas durante todo el tiempo, pero esto no es necesariamente así. Las madres narcisistas absorbentes, o las que oscilan en los dos polos de la variable dicotómica "cuidadoras", son también peligrosas para sus hijos. Es más, suele ocurrir que la madre es negligente con una de sus hijas y, por el contrario, absorbente con los chicos, o con la hija que más se le parece, con la que se identifica.

Por tanto, cuando nos encontramos ante una madre tóxica podremos preguntarnos si debajo de tanto esmero y cuidado se esconde una madre verdaderamente narcisista, o no.

McBride (2008) expone asimismo una tipología adicional en lo que la autora llama "las seis caras del narcisismo materno", que encuadra a las madres narcisistas para ilustrar al lector en la cantidad de actitudes que pueden marcar la infancia de una hija:

- ## Llamativa-extravertida

Esta madre es la que más se parece al prototipo del narcisismo más cercano a la histeria. Son presumidas y superficiales. Gastan dinero en ellas mismas para presumir y lucir vestidos y adornos (caros o no, pero sí muy llamativos y de dudoso gusto).

> *La madre de Lana tiene el armario lleno de ropa, pero su hija no se pondría nada de lo que la madre viste. Para ir a una boda adornó unos zapatos que ya tenía con flores compradas en un almacén "de los chinos". En el grupo, Luisa nos dijo: "Si veis a una señora mayor vestida toda entera de rosa fuxia, esa es mi madre".*

Dentro de la clasificación que Gibson (2015) hace de los padres inmaduros —emocionales, resueltos, pasivos y displicentes— este comportamiento llamativo-extrovertido se asimilaría a lo displicente:

> *(…) nos hacen preguntarnos para qué tienen una familia. (…) no les gusta la intimidad emocional y tiene muy claro que no quieren que sus hijos les molesten. Su tolerancia con las necesidades de los demás es prácticamente nula y sus interacciones consisten en dar órdenes, enfurecerse, o aislarse de la vida familiar. Es posible que algunos de los tipos más leves participen en actividades familiares estereotipadas, pero demuestran poca cercanía o verdadera participación. En general, quieren que se les deje en paz y dedicarse a lo que les interesa (p. 116).*

• La madre orientada al éxito.

Este tipo de madre está pendiente de sus hijos en cuanto a su rendimiento académico. Nada más les importa. Gibson (2015) denomina a este tipo de comportamiento como resuelto:

> *Los padres resueltos viven siempre con una meta en mente y están más que ocupados. Se desviven por perfeccionarlo todo, incluidas las personas que hay a su*

alrededor. Aunque rara vez se paran el tiempo suficiente para sentir verdadera empatía con sus hijos, son controladores y entrometidos, y quieren ser ellos quieren decidan cómo deben vivir (p. 115).

Con las buenas calificaciones de sus hijos puede presumir ante sus vecinos y conocidos. Además, las buenas notas le auguran un futuro halagüeño: sus hijos brillarán socialmente, y probablemente accederán a empleos que le den prestigio social (tanto a ellos como a ella misma). Es la imagen que se proyecta en la película *El Club de la Buena Estrella*[10], cuando la madre de la protagonista —siendo niña— la hace tocar el piano mejor que la hija de su amiga, y otra de las madres hace que su hija juegue al ajedrez incansablemente para presumir de sus victorias.

Este cuidado por el éxito de los retoños no parece nada deplorable, sin embargo lo es en el caso de las madres narcisistas orientadas al éxito, ya que es lo único que les importa. Suelen ser frías y distantes. Sus hijas, a pesar de sus esfuerzos en sacar las máximas calificaciones nunca se sienten arropadas, defendidas, abrazadas, consoladas ni queridas.

Juana afirmaba rotundamente sobre su madre: Lo único que le interesaba es que yo fuera médico, como el resto de mis hermanos. Cuando no aprobé el MIR la primera vez que me presenté, estuvo meses sin hablarme. Seis hijos tiene y todos son médicos. Eso es muy raro… De hecho, todos hemos salido raros o claramente enfermos mentales, ¡como yo!

• La psicosomática

Son las madres que están enfermas con tanta frecuencia que sus hijas no pueden descuidarlas ni llevar su propia vida sin antes atenderlas a ellas. En los casos más extremos, el cuidado conlleva una sumisión que raya en una verdadera esclavitud. Las madres psicosomáticas logran que toda la familia gire en torno a "la enfermedad de mamá".

Noelia vive en un perpetuo cuidado de su madre desde hace años. Todos los demás hermanos solo la visitan de vez en cuando. A fin de cuentas, ella es la que siempre ha recibido las órdenes maternas y las ha cumplido sin rechistar. Su madre toma una Cafinitrina® diariamente porque dice que todos los días tiene varios infartos. Las llamadas a Urgencias de la madre son casi diarias y obligan a Noelia a dejar su casa, su familia, y a veces su trabajo, para atenderla. Cuando llegan los servicios de Emergencias, nunca le diagnostican ninguna enfermedad. Si ella está acompañándola la obliga a llevarla en coche al Hospital porque dice que los médicos que van a su casa no tienen ni idea y que quiere ver a un buen médico hospitalario, que son los que saben realmente.

Rocío vive con su madre y con su hijito de 8 años. Su madre delegó el cuidado de los hermanos más pequeños en ella, cuando era adolescente. Ahora que viven juntas, la madre pasa el día en su cuarto, en la cama. Dice estar enferma. Solo se levanta a la hora del almuerzo. Las demás comidas las hace en la cama, por lo que la hija tiene que llevárselas. Esto es así hasta que cambia de planes y dice: "Me voy al apartamento de la playa y volveré el mes que viene".

• La adicta

Si hay alguna conducta asociada al narcisismo más maligno es la adicción al alcohol y a las drogas. La adicción a las compras (objetos para ellas mismas) no es extraña, tampoco.

Las personas adictas viven dominadas por las sustancias de las que dependen, y esto implica que las 24 horas del día se dedican a buscar cómo satisfacer su adicción. Si hay dinero en casa es para comprar la sustancia en cuestión. Cuando la adicción es a los psicofármacos —sobre todo a los tranquilizantes—, pasan el día acostadas, sin ocuparse de nada ni de nadie.

Un ejemplo de este tipo de madres narcisistas es la que interpreta Meryl Streep en la película *Agosto* (2013)[11], basada en la obra teatral de Tracy Letts del mismo nombre (2008), ganadora de los premios Pulitzer y Tony. En ella, Violet Weston, la madre, es hiriente con sus hijas, controladora y egoísta. Su adicción a los analgésicos y tranquilizantes, además, forma parte de un pacto especial: "Mi mujer se atiborra a pastillas y yo bebo, es el trato acordado, una cláusula de nuestro contrato matrimonial", dice su marido, Beverly Weston.

• **La secretamente malvada**

Es la doble cara de las madres narcisistas que de cara a la galería se muestran atentas y complacientes con sus hijos, pero que una vez cerrada la puerta del hogar cambian radicalmente su comportamiento y se vuelven crueles y agresivas verbalmente con ellos, o les hacen lo que ellas llaman "bromas", que son de una crueldad exagerada. Un ejemplo de ello es lo que relata Violet Weston, la madre tóxica de la obra *August*, de Letts (2008):

¿Os he contado alguna vez la historia de Raymond Qualls? Tampoco es nada del otro mundo. Un chico por el que

perdí la cabeza cuando tenía trece años. Un chico de aspecto muy rudo, con sus Levi's hechos polvo y el pelo enmarañado. Y con unos dientes feísimos. Pero tenía unas botas de vaquero muy bonitas, de color chocolate, con la piel lustrosa. Estaba muy orgulloso de sus botas. Se le notaba en la forma de andar y de pavonearse, en los brazos, en los codos. Me convencí de que si conseguía unas botas parecidas, pero de mujer, me pediría que fuese su novia. En cuanto me viera con las botas diría «esa es mi chica». Y las botas estaban en el escaparate de una tienda del centro. Me puse como loca, le pregunté a mi padre más de cien veces si podía comprarme las botas. Qué obsesión. Pasaba las noches en vela, suspirando por las botas, imaginando las conversaciones que tendría con Raymond cuando me viera con las botas. Un día mi madre me preguntó: «Vi, ¿qué vas a pedirte como regalo de Navidad?», «Mamá, daría cualquier cosa por esas botas». Negocié el regalo, insistí y mi madre empezó a soltar indirectas. Puso debajo del pino un paquete que tenía el tamaño de una caja de botas, envuelto con un papel de regalo precioso. Oye, Violet, no vayas a hacer trampas, no mires antes de tiempo lo que hay en el paquete. Y sonreía de una forma maravillosa. Cuando llegó el día de Navidad, me levanté como una exhalación, ya te digo, y fui corriendo hasta el árbol. Abrí el paquete dejando el papel hecho trizas. Dentro había unas botas, sí... unas botas de obrero, agujereadas, con los cordones rotos y llenas de barro seco y de mierda de perro. ¡Qué gracia! Mamá se estuvo partiendo de risa durante varios días.

Esta incongruencia es sumamente perniciosa para sus hijos, que no saben a qué atenerse con su madre. Puede decirles que gracias a ellas tienen todo lo que una niña puede necesitar, que deben estarles agradecidas y, luego, tener este tipo de "bromas".

Margarita recuerda que su madre se divertía encerrando a sus hijos. Ellos, a oscuras, la oían reír al otro lado de la puerta. Un día los mandó a barrer la terraza del piso de arriba de la casa antigua donde vivían, donde contaban que se había ahorcado un hombre. La madre se escondió susurrando: "Uuuuuhhhhh, uuuhhhhh". Corrieron escaleras abajo. Uno de ellos perdió un zapato. Nunca se encontró. Margarita cree que su madre lo tiró a la basura.

Otro comportamiento malvado frecuente es el aprovechar la bondad de sus hijas para someterlas y hacerles trabajar duramente, sin mostrar piedad o lástima por su dolor ni sus incomodidades.

Casilda fue adoptada cuando era niña. Ha sido diagnosticada de TLP (trastorno límite de la personalidad) por graves problemas de alimentación, sus autolesiones, su sentimiento crónico de vacío y sus intentos parasuicidas. Las relaciones con su madre han sido objeto de atención profesional desde su infancia. Tiene un hermano, hijo biológico de sus padres, con parálisis cerebral, unos años mayor que ella. Casilda piensa que el motivo de que la adoptaran era que su madre necesitaba que alguien se hiciera cargo de su hijo dependiente. De hecho, ella es la responsable de muchos de sus cuidados y sustituye a veces a las cuidadoras profesionales. Cuando se autolesiona y su madre la descubre, le dice: "Ya estás con tus tonterías".

Manuela vio una fregona en el lavadero de casa de su madre cuando la visitó después de su viaje de novios. Entonces le recordó cómo, desde que era pequeña, la obligaba a fregar el suelo "como se friega el mármol: de rodillas, con un fregón y agua con jabón casero". La madre respondió: "pero yo era buena porque te compré unas rodilleras".

• La necesitada emocionalmete

Se trata de una necesidad básica para las madres narcisistas, en general, la de anteponer sus necesidades emocionales a las de sus hijos. Ellas piden que las comprendan y las consuelen. No oyen sus peticiones de comprensión y consuelo, recíprocamente. Pero si les pregunta alguien, lo negará y dirá que es al contrario: que ellas siempre se han ocupado de ellos (muy al contrario de lo que la realidad puede demostrar). Gibson (2015) señala a este tipo de madres como inestables e impredecibles; cuentan con que otros les den la estabilidad que les falta y dividen a las personas entre "salvadoras" y "desertoras", según cómo se porten con ella.

Cada uno de estos tipos de madre tiene unos comportamientos y características distintas, pero no son categorías excluyentes. Todas tienen en común el ser egoístas y provocar vacío emocional en sus hijas.

Las mentiras de las personas narcisistas

La comunicación terapéutica con las personas que padecen narcisismo es difícil, como hemos mencionado antes, ya que ellas no reconocen sus defectos y pretenden que su comportamiento y opiniones se conviertan en LEY. Pero la dificultad no es más que la constatación de cómo el espejo les devuelve un reflejo engañoso. Son capaces de "hacerte ver lo blanco, negro". Ante las personas ajenas a la familia hacen alarde de abnegación y de cómo sufren por sus hijos, a lo que añaden lo mal que estos se portan con ellas, o lo abandonadas que están. Inventan gastos a favor de sus hijos que nunca se han producido o exageran lo que realmente se han gastado.

Esta visión que he ofrecido hasta ahora puede inducir a pensar que una persona narcisista es fácil de detectar y, sin embargo, no es así. Sí que hacen cosas por sus hijas, sí que les compran regalos, o les hacen favores, o se encargan de sus nietos. Por ello, sus hijas se confunden y se creen malvadas cuando piensan que sus madres no son buenas con ellas. No son capaces de ver más allá de estos pequeños servicios de sus madres, estas migajas de atención y cariño, que ellas tanto desean recibir. Lamen el plato y se sienten satisfechas.

Idoia deja a sus hijos pequeños al cuidado de su madre para ir a trabajar. Al acabar su jornada, los recoge, los baña y les da la cena. Cuando su suegra se encarga de ellos es cuando ve la diferencia de trato hacia los nietos. Al contrario que su madre, la suegra atiende a los nietos como si fueran sus propios hijos, no como si fueran una visita molesta de la cual estás deseando desembarazarte cuanto antes.

Por eso no pueden ser conscientes de que lo que reciben son minucias, o que el precio que tienen que pagar por las migajas es excesivo. Y es que sus madres se lo cobrarán, tarde o temprano. Son los "regalos envenenados" (Nazare-Aga, 2015) los que atan a las hijas de una doble manera porque cumplen una doble función: por una parte, a corto plazo, los regalos y favores tranquilizan los ánimos que tan frecuentemente se ven alterados por la hipercrítica continua de la madre hacia la hija; por otra parte, son una inversión a largo plazo para la madre, que no dudará en sacar la "factura" en los momentos difíciles de la relación, o cuando se vea atacada por su víctima o por elementos externos a la misma (el marido, o los propios hijos de su hija). Los regalos envenenados pueden ser a veces muy caros o, incluso, ser una gran cantidad de dinero. Sabiendo lo que su madre narcisista ama al dinero, la hija se siente muy agradecida y cree que está siendo privilegiada al recibir un hermoso regalo. No imagina que se trata de una zarpa, de una prisión, una hipoteca que jamás acabará de pagar, y ni por un momento vislumbra que cada moneda será un reproche en algún momento de su relación a partir del día en que la madre se lo entregó.

Estas madres, el resto del tiempo, suelen ser contradictorias en la expresión de sus afectos y en cómo lo relatan. Dicen a los demás que quieren a sus hijas más que a nada en el mundo, pero al llegar a casa no les dan un beso ni les muestran señales de afecto. No les dicen que las quieren. Solo se acuerdan de ellas para darles órdenes, o pedirles favores que no piensan corresponder. La mayoría de las víctimas relatan cómo en su infancia ha habido dos escenarios: fuera y dentro de la casa. Fuera, la vida era apacible, o lo más apacible que pueda conseguirse; pero dentro las cosas cambiaban radicalmente y, si no había polémica, había silencio.

A veces, el torbellino de sentimientos encontrados va más allá de esto y las víctimas se ven en medio de los enredos sentimentales de sus padres. Uno de los escasos pacientes masculinos que he tenido tenía un grave conflicto en casa por el hecho de que él conocía que su madre tenía un amante, amigo de su padre, a su vez. Este hombre fue un gran apoyo para él: lo escuchaba, lo aconsejaba como un padre, lo apoyaba en sus proyectos, y le daba dinero; incluso lo acogió en su casa durante un verano. El paciente sentía un afecto genuino por este hombre, pero no comprendía cómo su madre podía "jugar con dos barajas" y tenía una lucha de lealtades insufrible. Solo el alejamiento de su familia podía calmar su ansiedad.

El narcisismo materno puede estar detrás de los casos de síndrome de Munchausen por poderes[12], uno de los argumentos de la película "El Sexto Sentido", famosa por la frase del niño protagonista a su psicólogo —encarnado por Bruce Willis— "en ocasiones veo muertos". En la película, al igual que en la mayoría de los casos publicados en la literatura médica, la madre es la perpetradora de este maltrato infantil. En toda la literatura científica sobre el tema se pone de manifiesto que estas madres sufren una perturbación mental. De hecho, Goñi, Martínez, Cerdá y Gómez (2008) —que citan 8 casos en los cuales el agente utilizado para hacer enfermar va desde ponerle kétchup en el pañal a hacerle ingerir fármacos o cuerpos extraños—, señalan que entre las características de las madres perpetradoras se encuentra que "es frecuente que el perpetrador presente algún trastorno psiquiátrico o algún trastorno de la conducta, en especial de tipo depresivo y/o de personalidad" (p.10).

Sin embargo, poco se ha investigado sobre las personalidades patológicas de estas madres, centrándose la atención en la detección de cuadro debido a la letalidad a que se puede ver abocado este síndrome. Si el narcisismo está detrás de esta patología es de suponer que la madre, con su conducta lesiva hacia su hijo, en realidad lo que busca es atención hacia sí misma. Ya hemos mencionado que las mujeres delinquimos con todo el cuerpo, y que consideramos a nuestros hijos como prolongaciones de nosotras mismas (Weldon, 2013), lo cual en este caso implicaría que la madre está autolesionándose simbólicamente al dañar la salud de su hijo, pero que simplemente lo está usando como instrumento para lograr atención y cariño. No obstante, debido a la escasez de estudios científicos sobre el tema[13], esta hipótesis es aventurada y requeriría de más investigación.

La madre de Lina padece un narcisismo perverso, categoría que linda con la psicopatía, y su hija sospecha que fue envenenada durante su adolescencia, cuando ya empezaba a revelarse contra los mandatos maternos. Cuando en el hospital comenzaron a sospechar de ello, la madre pidió el alta y la llevó de nuevo a casa. Por ello, la hija dejó de comer lo que la madre le cocinaba y, o bien comía en casa de amigas, o cogía directamente la comida de la nevera.

Este caso es extraño, pero aunque la edad de las víctimas del síndrome de Munchausen por poderes suele ser menor de cinco años, se han reportado casos de víctimas adultas (Deimel, Burton, Raza, Lehman, Lapid, Bostwick, 2012).

Diferencias y semejanzas entre hombres y mujeres narcisistas

Podemos asumir que el narcisismo es narcisismo, y basta. Nos equivocaremos. El narcisismo, como se ha descrito en el capítulo anterior, es un patrón complejo de comportamientos que (aunque tienen un denominador común: el egocentrismo) se distribuyen de manera muy variada entre los individuos. Los rasgos y conductas que hemos apuntado aquí son propios de toda persona que pretende brillar con luz propia para todo el universo y, sin embargo, no logra iluminar más que si se sube en los hombros de otros que considera relevantes o dignos de admiración. "Subirse en los hombros" ("montarse en la chepa", coloquialmente hablando) de otra persona implica dejar caer el peso del propio cuerpo y ejercer presión sobre la piel, los músculos, los huesos y las vísceras de la persona en la que se apoya. Con ello, la persona inundada de narcisismo logra aniquilar al otro con el único fin de poder obtener una posición privilegiada desde la que enaltecerse a sí misma. Poco le importa la incomodidad del otro, el cansancio que genera, o estar causando un mal presente que pueda ser irremediable en un futuro. La perspectiva elevada para otear el panorama, y la posibilidad de ser más visible y más admirado, compensan el esfuerzo de escalar sobre las personas con mayor valía que la propia. Podemos asumir que hay comportamientos comunes en todos los narcisistas, pero que lo que más pueden compartir es esta función primordial en sus vidas: recibir todo el merecimiento posible desde una posición de ventaja y control. Este patrón quedó claramente expuesto en la confidencia de una de mis pacientes, cuando en su primera entrevista me contó que su madre tenía un sueño recurrente: era capaz de volar por encima de las personas.

En este punto hay que señalar que los hombres narcisistas difieren de las mujeres narcisistas en algunos aspectos, y que las diferencias entre ellos son sobre todo intrafamiliares, más que extrafamiliares, además de las propias de los roles de sexo.

En primer lugar, las diferencias de género en cuanto al narcisismo existen en la realidad cercana porque a los hombres no les es extraño el ambiente en el que suelen moverse: retador y jerárquico, con alto afán de resultados y de control. En realidad, los varones tienen marcado muy alto el umbral del narcisismo en esta sociedad competitiva porque otros hombres pugnan con ellos con mucha frecuencia. Esta regulación externa marca, más pronto que tarde, al ser que "se salta las normas" de la competencia leal. Los narcisistas no necesitan ser buenos; solo tienen que demostrar que hay otros peores que ellos. Sobre esto último es de señalar que el narcisismo se ha asociado a la apariencia física con demasiado énfasis, siendo el comportamiento despótico y abusador el que más problemas puede traer a quien tenga que relacionarse con ellos.

He apuntado en la introducción que es fácil detectar al varón narcisista. Suelen sobresalir por su cuidado en la apariencia externa, que miman con esmero, sus maneras seductoras y su apetencia por el poder, machacando literalmente a quienes pueden hacerle sombra. Además, un varón narcisista hará alarde de sus posesiones o de sus conquistas, y esto no será visto como algo negativo, puesto que los triunfadores lo hacen. Diagnosticar a una mujer como narcisista en base a la seducción y el poder es más difícil porque hasta hace poco tiempo no hemos tenido, salvo excepciones, la oportunidad de que se nos valorara por nuestros logros personales en la justa medida. Por otra parte, el aspecto cuidado y atractivo ha sido un valor femenino universal como modo de conquista hacia el otro sexo, y como fuente de autoestima. Las mujeres somos alentadas a cuidar nuestro aspecto de manera que disimulemos nuestros defectos a base de ropas a la moda, maquillajes, lencería, fajas reductoras, o implantes mamarios. La mujer que use de todos ellos es una guía y modelo para las demás y será envidiada y copiada, pero nunca denostada, o señalada como exagerada. En un mundo donde la imagen lo es casi todo, las mujeres narcisistas no difieren de las no narcisistas en su aspecto físico. No es así en los hombres, al menos hasta hace poco tiempo.

Tanto hombres como mujeres basan su existencia en las demandas de reconocimiento de su valía. Un hombre narcisista puede no ser guapo, pero se creerá guapo e irresistible, merecedor de admiración y reconocimiento, con o sin ropajes lujosos o llamativos. Y una mujer narcisista puede ir arreglada de manera provocativa y llamativa (*"mi madre es una mujer que lleva puesto encima un árbol de Navidad"*, contaba una paciente), o no. El nudo gordiano de sus narcisismos puede estar lejos de la apariencia, y suele ser su amor al poder en su ámbito de acción y el convencimiento de no equivocarse jamás en cualquier cosa que hagan, echando la culpa de sus errores a otros.

Otro de los puntos en común de todos los narcisistas, independientemente de su sexo, del cual no escapan este tipo de madres, es su amor por el dinero. Todos amamos el dinero, en mayor o en menor grado, y el bienestar que proporciona, naturalmente. La diferencia que una persona narcisista tiene con el resto de nosotros es que el dinero es su oxígeno, su flujo vital. Toda su vida gira en torno a él, y su apego por el vil metal es infinitamente mayor que por cualquier otra cosa. En cuanto al dinero, antes que nada, los varones narcisistas cubren sus necesidades y sus caprichos, aunque esto represente que su esposa y sus hijos puedan pasar apuros.

Las mujeres narcisistas se suelen casar con hombres *ricos*, o más ricos que ellas, o que les proporcionen bienestar económico sobrado. Son capaces de planear con años de antelación cómo organizar su vida para que el dinero no les falte jamás. Ellas pueden gastarlo o atesorarlo, pero no pueden dejar pasar el día sin un contacto directo con el dinero. El prototipo de mujer narcisista interesada por el dinero es Scarlett O'Hara, la protagonista de la novela *Lo que el viento de se llevó* (Mitchel, 1936); posteriormente llevada al cine por Victor Fleming en 1939. En un momento ella expresa esa necesidad: *"¿Te has olvidado de lo que es vivir sin dinero? Me he dado cuenta de que el dinero es la cosa más importante del mundo y no estoy dispuesta a que me vuelva a faltar"*.

Si tienen medios de subsistencia propios, y lo que les ha guiado para elegir a su pareja es el que sea guapo elegante o con mayor reconocimiento social que ella, le restringirán o escamotearán el dinero y le echarán en cara lo que gasta, y en qué lo gasta. Es tan importante el dinero para ellas que son capaces de soportar situaciones adversas con tal de atesorar cada vez más. Un ejemplo de ello es la historia que cito a continuación, relatada por una paciente.

> *La madre de Alejandra había estado en una residencia de ancianos hasta su muerte. No quería estar allí[14], pero sus hijas la habían convencido de que por estar ingresada le daban un dinero extra a su pensión. En realidad, habían llegado a un acuerdo con el director de la sucursal bancaria donde la anciana narcisista tenía sus ahorros y cuando ella llamaba para preguntar cómo iban sus cuentas, el director le informaba de lo mucho que iba creciendo su ahorro, gracias a que permanecía ingresada en la residencia.[15]*

Otra paciente me confesó que tras romper una relación de pareja llena de violencia y maltrato, huyó con su hija y, para sobrevivir, se dedicó a la prostitución. Cuando acudió a su madre, solicitándole ayuda económica para ella y para la niña, se la negó: "*A ver, qué remedio, por los hijos hay que hacer cualquier cosa*", y no le dio nada.

El concepto de "dinero" es extensible a otro tipo de riquezas (oro, tierras, viviendas…).

El padre de Toñi había muerto. Su madre, para simular que repartía la herencia paterna, quiso darles a sus hijos algún dinero. Toñi no quiso cogerlo, aunque le habría venido muy bien para hacer cambios en su casa. Comentó en el grupo: "si lo llego a saber, lo habría cogido porque lo que hizo con él fue comprarse alhajas de oro".

Sonia no habló nada en la primera sesión grupal. Cuando le pregunté que por qué no había intervenido dijo: "yo no me parezco en nada a los demás miembros de este grupo. Me siento rara, porque las cosas que cuentan son insignificantes en comparación con lo que yo he pasado en mi vida. Mi madre me vendió a cambio de una finca. Yo tenía 14 años más o menos y vivía tan pobremente en comparación con cualquiera de mis hermanos —no tenía amigas porque no salía de mi casa— que cuando mi madre me dijo que me fuera a vivir con un matrimonio sin hijos que me acababa de presentar, donde comería y me vestiría mejor, no lo dudé. Allí las cosas me fueron mejor, pero lo que no me dijo mi madre es que no iba a ir como hija, sino como amante del marido. No obstante, me trataron muy bien y fui más feliz que cuando viví con mi familia biológica".

Ya se ha mencionado antes, al tratar el tema de las mentiras de las personas narcisistas, que si la madre da dinero o bienes a su hija será un "regalo envenenado", cuyo precio pagará muy caro, además de soportar que se lo eche en cara con frecuencia.

Querer "llevar la razón" es un signo patognomónico del narcisismo, pero no es en principio algo patológico en sí mismo porque es común en todo ser humano y animal (e incluso vegetal si nos fijamos en ciertos comportamientos que así lo indican). Lo que lo hace enfermizo es la frecuencia con las que se impone al otro y la manera en que se hace.

En un mundo machista hay muchos chistes referentes a que las mujeres siempre quieren llevar la razón y se emplea el humor para que el varón se acostumbre a ello. Un ejemplo de este tipo de chistes es el siguiente: *Cuando discutes con una mujer hay dos posibilidades: que ella tenga la razón, o que tú seas el equivocado.* Sin embargo, esto contrasta con el hecho de que el varón es el que tradicionalmente aporta el sueldo a casa, y se le otorga el derecho a "tener el mando de la tele", un gesto simbólico de quien ejerce el liderazgo en casa. Tener razón no entra en el trato, pero los hombres suelen imponer su criterio como parte de un convenio no escrito. Sin embargo, se considerará que un varón es narcisista si sus empeños por llevar la razón superan los usos de su grupo de referencia. A nivel intrafamiliar, los varones narcisistas suelen dar órdenes y no permiten ningún tipo de criterio que no sea el suyo. Son transparentes en este sentido. Dejan claro de quién es el cetro, pero es lo único que hacen porque el resto del tiempo se desentienden de los deberes familiares a favor de su propia vida.

En resumen, la detección de una mujer narcisista es más difícil que si se trata de un hombre, pero las diferencias entre sexos sobre el narcisismo son cuestiones de matiz; y lo que caracteriza a ambos, mujeres y hombres narcisistas, es que no respetan las normas que no quieren respetar y para todos ellos las únicas que sirven son las suyas propias. Las palabras de una madre narcisista describen el núcleo del funcionamiento de estas personas:

"Yo soy la LEY".

Capítulo 3

DE LAS VÍCTIMAS DE LAS MADRES NARCISISTAS:
Cenicientas del mundo real

Como se supone que las niñas buenas no odian a sus madres,
no hablamos de estos malos sentimientos.

Karyl McBride
Madres que no saben amar

Una persona ha de reflexionar sobre el origen de las cosas.
Cada comienzo conduce a un fin determinado.

Amy Tan
La hija del curandero

Las víctimas del desamor sienten una soledad inmensa.

El sentimiento de soledad es puramente humano, y no es agradable. La necesidad de formar lazos de pertenencia emocional con otras personas es un comportamiento propio de la especie (y de otras especies de mamíferos) y tiene un significado filogenético: cuando se mantienen relaciones de proximidad con otros miembros del grupo, la posibilidad de supervivencia es mayor. La soledad, por tanto, es fuente de estrés, inseguridad y preocupación. Para todas las teorías psicológicas es una obviedad que cuando somos niños, establecer estos lazos es prioritario para conseguir un desarrollo adecuado de la personalidad. Y al contrario: se cree que tener un progenitor (o una pareja) narcisista puede generar diversos problemas y puede considerarse en "algunas" situaciones como un tipo de maltrato emocional (Mosquera y González, 2011).

Sin embargo, hasta ahora, la victimología ha obviado el problema del narcisismo de las madres como un fenómeno de proporciones suficientes como para dedicarle atención; y la práctica clínica apunta a lo mismo, ya que no se sospecha que haya "algo" más allá de los síntomas. A pesar de que los pacientes están dispuestos a hablar de sus relaciones familiares —y si se les da la oportunidad, les alivia hacerlo— la condición de víctima de madres tóxicas y narcisistas es difícil de detectar por los profesionales de la Salud Mental. La razón fundamental es la escasez de tiempo del que se dispone en las consultas de la Sanidad Pública. En una mañana pueden atenderse de 6 a 12 pacientes, en consultas de media hora y debido a la gran demanda que tienen estos servicios, la frecuencia de las revisiones de los casos no pasan de 3 a 6 anualmente. En estas sesiones, los seguidores del modelo médico (médicos de atención primaria y médicos psiquiatras) tomarán buena nota del estado clínico del paciente, y prescribirán psicofármacos que alivien, al menos en parte, estos sentimientos (antidepresivos y ansiolíticos, generalmente). Si los síntomas son cíclicos, entonces recibirán un posible diagnóstico de trastorno bipolar o trastorno depresivo recurrente. En realidad los diagnósticos no serán erróneos, puesto que los diagnósticos psiquiátricos no son etiológicos, sino descriptivos. Y estas personas seguirán viviendo su pequeña tragedia vital, a la que se le añadirá el tener que manejar una enfermedad psiquiátrica, con su estigma social y familiar, junto con los sentimientos de vacío y desamor.

Así pues, ya que los profesionales que nos dedicamos a la Salud Mental, por estas variadas razones, no indagamos habitualmente en las relaciones madre-hijo como parte de la historia clínica, estas pasan desapercibidas. Sin embargo, a veces resulta favorable el no hacerlo. Esto se debe a que culpar a las madres no siempre es acertado y, aunque en algunos ámbitos (cada vez menos, afortunadamente) se hace hincapié en ello, ya pasó el tiempo de considerarlas como la causa última de todos los males de sus hijos. El psicoanálisis de los 60 y 70 hizo mucho daño en este aspecto. Recordando el autismo como prototipo, en *La fortaleza vacía*, Bruno Bettelheim[1] (1967) culpaba del problema a madres neuróticas y posesivas que alejaban a su hijo del mundo exterior. Se ha demostrado que esta hipótesis es falsa, pero hizo estragos en su día, y su daño se extendió a distintas patologías; y las madres (los padres, en menor cuantía) sufrieron al ser culpadas de las patologías de sus hijos. Este hecho se pone de manifiesto en la obra teatral *Equus* (Scahfer, 1973), que se llevó al cine en 1977, protagonizada por Richard Burton en el papel de psiquiatra infantil, encargado de atender a un adolescente, Alan Strand, quien había cegado con una hoz a seis caballos a los que cuidaba con gran dedicación. En una escena cargada de emociones, la madre del paciente, Cora, en un monólogo[2] que se hizo famoso, pregunta angustiada al psiquiatra:

> *¿Y yo? ¿Qué me dice de mí?... ¿Qué piensa que soy yo?... Soy una madre, desde luego —pero eso no cuenta—. 'Madre' es una palabra muy sucia aquí. ¿No lo es, lo de 'madre'? (…) Lo sé. Lo sé muy bien. Lo he oído toda mi vida. Es culpa nuestra. Todo lo que ocurre lo*

hemos hecho 'nosotros', Alan es solo una pequeña víctima. Él realmente no ha hecho nada de nada. (Salvajemente) ¿Qué tienes que hacer en este mundo para conseguir ciertas simpatías? ¿Cegar animales?

La perspectiva psicoanalítica de estos años era que a los niños se les "frustraba" con educaciones rígidas tradicionales, y ese era el motivo de las distintas enfermedades (desde la enuresis y la onicofagia a la esquizofrenia[3]). Una vez que se percataron del daño que estaban haciendo, los terapeutas (tanto psiquiatras como psicólogos) se replegaron en los diagnósticos de las clasificaciones de enfermedades mentales y en el tratamiento farmacológico o cognitivo-conductual de las mismas. Podemos decir que, hoy en día, los clínicos han pasado al polo opuesto: no suelen indagar en las relaciones de nuestros pacientes con sus familiares cercanos durante la infancia, y centran todos sus desvelos e investigaciones en la sintomatología actual y en cómo mejorarla de una manera rápida, además de eficiente.

Ciertamente, las necesidades psicológicas de la población están subestimadas y se buscan vías de solución que no siempre están apoyadas científicamente. Los modelos explicativos del maltrato psicológico o emocional durante la infancia no han dado muchos frutos, pero han ido evolucionando desde los puramente psiquiátricos, que proponen una falta de competencia por parte de los progenitores pasando por el énfasis en la consideración de factores socioeconómicos en los años 70 del siglo XX (modelos socioambientales). Posteriormente, surgieron los modelos ecosistémicos, de tipo psicosocial y sociointeraccional, en los que se trata de integrar los aspectos psiquiátricos y psicológicos con aspectos sociales, culturales y ambientales (Fernández Fernández, 2014). Las personas con necesidades psicológicas no siempre buscan, ni encuentran, la vía oportuna con garantías de cientificidad que les asegure que sanarán. En cuanto a los problemas familiares, las personas quieren encontrar apoyo y consejo por múltiples caminos, además de los consejos de amigos y conocidos. Los seminarios de *mindfullness* inundan las bibliotecas y centros sociales, por ejemplo. Lo que sí parece estar de moda actualmente es otra perspectiva terapéutica que aún no ha manifestado letalidad, pero es de esperar que lo haga: la de la "sanación". Hoy todo el mundo puede ser terapeuta de una pseudociencia extraña, como son la aromaterapia o las flores de Bach, las "constelaciones familiares"[4], el yoga o el reiki. Los métodos en sí pueden ser útiles, pero el hecho de que estén en manos de personas no cualificadas puede ser peligroso para los pacientes, a los que siempre cabe la posibilidad de llamar por teléfono a los canales de videntes de la televisión o a los múltiples teléfonos de facturación extra, de prefijo 806, para que les asesore sobre cómo proceder en caso de conflicto familiar, vía tarot o baraja española.

Este panorama se encuentran las personas que necesitan aliviar las tensiones personales y familiares. Para cambiar esta perspectiva desoladora, en el presente capítulo nos centraremos en examinar de cerca a las víctimas de madres que dañan a sus hijas sin que ellas comprendan el motivo de este hecho. Conocer y comprender un fenómeno es el primer paso para dar solución al mismo.

El mundo interno de las víctimas. Dos maneras de sobrevivir a una madre narcisista.

Es difícil indagar en los verdaderos sentimientos de las hijas de madres narcisistas. Son sentimientos encontrados y muy perturbadores. De manera general, irremisiblemente todos albergamos contradicciones en nuestras vidas: sobre lo que pensamos y cómo actuamos, sobre cómo nos sentimos y qué decimos, y cómo nos mostramos ante los demás, y ante nosotros mismos. En lo que respecta a nuestros padres, es en la adolescencia cuando más evidente se hace la contradicción entre nuestros sentimientos paterno-filiales. Pero las hijas de madres narcisistas se pasan la vida convenciéndose de que todo es normal, y cuando encuentran a su madre al volver a casa tan fría y distante, o tan hostil hacia ellas, tratan por todos los medios de contentarlas y seguir amándolas. Esto no se hace sin sufrir un desgaste emocional importante. Igual ocurre cuando las ganas de escapar de esa situación las invaden.

El mundo emocional de estas pacientes está alterado sensiblemente: "*Cuando estoy bien, estoy mal, porque creo que no va a durar. Mi estado normal es el de estar triste. Triste me siento bien*", comentaba una paciente en el grupo. Esta confesión toma sentido desde el modelo sistémico. El psiquiatra escocés Ronald Laing, famoso por su apoyo al movimiento de la antipsiquiatría, publicó en su libro *Knots* (Nudos) (1970), un poema que clarifica la manera de pensar y sentir de una víctima de madre narcisista:

My mother loves me.	Mi mama me quiere.
I feel good.	Me siento bien.
I feel good because she loves me.	Me siento bien porque ella me ama.
I am good because I feel good	Estoy bien porque me siento bien
I feel good because I am good	Me siento bien porque estoy bien
My mother loves me because I am good.	Mi madre me ama porque soy bueno.
My mother does not love me.	Mi madre no me ama.
I feel bad.	Me siento mal.

I feel bad because she does not love me	Me siento mal porque ella no me ama
I am bad because I feel bad	Soy malo porque me siento mal
I feel bad because I am bad	Me siento mal porque soy malo
I am bad because she does not love me	Soy malo porque ella no me ama
She does not love me because I am bad.	Ella no me ama porque soy malo.
I don't feel good	No me siento bien
therefore I am bad	por lo tanto, soy malo
therefore no one loves me.	por lo tanto, nadie me ama.
I feel good	Me siento bien
therefore I am good	por lo tanto, estoy bien
therefore everyone loves me.	por lo tanto, todos me aman.
I am good	Soy buena
You do not love me	Tú no me amas
therefore you are bad. So I do not	Por lo tanto, tú eres malo. Así que
love you.	te quiero.
I am good	Soy buena
You love me	Tú me amas
therefore you are good. So I love you.	Por lo tanto, tú eres bueno. Así que
	quiero.
I am bad	Soy mala
You love me	Tú me quieres
therefore you are bad.	Por lo tanto, tú eres malo

Poema sin título, nº 9. Nudos (Knots), Laing (1970)

No he tratado a víctimas menores de edad, exceptuando a Sonia. La conocí en una interconsulta que hice al Hospital Maternal, donde había ingresado por ataques epilépticos frecuentes, a pesar del tratamiento con anticomiciales. Su relato me impactó tanto que no pude dormir esa noche (y puedo asegurar que en 40 años de profesión he oído muchos relatos escalofriantes). A sus 12 años mostraba una madurez inusual. En cuanto me senté en el filo de su cama me explicó que su madre había renunciado a su custodia y que por eso había venido a vivir con su padre, dejando con su madre (en otra provincia) a su hermana, dos años menor que ella. Añadió que su hermanita no era hija de su padre, sino de su madre y del hermano de su padre (su tío, pues). *"Mi madre no me quiere, nunca me ha querido"*, dijo. Hablaba de golpes y maltrato a ambas niñas, así como de que las parejas de su madre eran muchas, variadas, y a veces simultáneas. Ella quiso ocultar a su hermana-prima el sufrimiento de oírla jadear de placer cuando estaba con sus hombres en la habitación contigua y le contaba a la chiquilla que le estaban dando un *regalo* y por eso respiraba y chillaba así. Su madre era *streaper* y se llevaba a sus hijas de provincia en provincia por toda España, huyendo de los diferentes juzgados y servicios sociales, de manera que sus rendimientos académicos eran malos y no sabía *"ni la tabla del 4"*. *"Creo que mi madre me tiene envidia por los novios que tengo: cuando le hablo de uno, me dice que no me conviene, pero ella está con todo tipo de gente"*. Tardé en procesar tanto torrente de información; apenas tenía que ver con los ataques epilépticos. Un episodio que refirió sobre una de las parejas de su madre, marroquí en esta ocasión, me impresionó: él salía, y encerraba a la madre y las niñas en la casa hasta su vuelta; añadió que era poco rato y además dejaba otras llaves dentro de la casa. Esto ocurría hasta que la madre urdió un plan para deshacerse de esa pareja, pidiendo a una amiga que llamara a la policía para que hicieran una redada (ambos cultivaban marihuana en el patio de la casa). Al llegar los agentes, la madre de Sonia les contó que la maltrataba y maltrataba a sus hijas. Acabaron en un centro de acogida. Allí convenció a Sonia para que dijera que esto era cierto y que añadiera que él abusaba de ella sexualmente. "*Cuarenta años le han caído*", me dijo. No parecía muy dispuesta a cambiar su testimonio y, no obstante, tuve que insistirle en el valor de decir la verdad. Antes de irme añadió: "*Si volviera a nacer, elegiría ser adoptada, y luego que adoptaran a mi hermana*".

Durante la entrevista, la madre llamó al padre de Sonia y le exigió mi número de teléfono. También el padre me insistió en que se lo dijera porque quiso darle "su derecho" a hablar conmigo. No entendía que yo me negara. Al despedirme, él me echó en cara que tendría que calentar la comida del hospital en el microondas porque yo había ido a visitar a su hija muy tarde, y añadió "si va a venir mañana, venga a una hora que no sea la de comer". Mal presagio. Nunca me ha ocurrido nada semejante con ningún familiar que haya atendido en el hospital. Hoy sé que finalmente la custodia de Sonia ha pasado a manos de los Servicios de Atención al Menor porque el padre se mostró incapaz de atenderla adecuadamente. Del destino de su hermana no he tenido noticias.

Que el mundo psíquico de Sonia fuera un caos es totalmente comprensible. Las personas que debían cuidarla estaban lo suficientemente perturbadas como para sembrarlo y que este fructificara exuberantemente. Finalmente, Sonia acabó, a los pocos meses, en una casa de acogida para niños con familias desestructuradas. Cuando fueron a recogerla, informó a las educadoras de nuestro diagnóstico: que tenía ataques, pero que no eran epilépticos sino psicológicos, síntomas de su sufrimiento psicológico. Su hermana sigue con la madre.

Gibson (2015) considera que para poder sobrevivir, los hijos de padres emocionalmente inmaduros tienen dos tipos de estrategias de supervivencia:

a) Generan fantasías de que sus necesidades emocionales serán satisfechas en un futuro ("fantasías sanadoras") y de esta manera son capaces de hacer acopio de optimismo para mantener la esperanza de que las cosas pueden cambiar.

b) Personifican *"un rol, con el que intentan conseguir cierta atención del progenitor que vive demasiado preocupados de sí mismos como para tenerlos en cuenta"* (p.135). Este proceso de hacerse de una especie de disfraz, una personalidad asociada a un rol deseable, es inconsciente, pero muy duradero en el tiempo. Una vez que se asume es difícil deshacerse de él y suele prolongarse hasta la vida adulta con el propósito de que *"alguien nos preste atención como hubiéramos querido que hicieran nuestros padres"* (Gibson, 2015; p. 139).

Gibson (2015) señala que los hijos pueden asumir dos tipos de roles para lidiar con los problemas familiares que derivan de unos padres inmaduros: bien interiorizando los problemas, bien exteriorizándolos. En el primer caso, se sentirán responsables de buscar una solución a ellos, y en el segundo, culparán a otras personas y les asignarán que los resuelvan. Estas dos estrategias pueden solaparse o alternarse durante toda la vida, pero las personas suelen situarse en una u otra de estas estrategias, siendo o bien "interiorizadores", o bien "externalizadores".

Los "interiorizadores" se sienten culpables y se volcarán en el cuidado de otras personas (en el caso de Sonia, cuidar de su hermana pequeña), pero luego se sentirán irritadas al ver que no son correspondidas. Son más propensas a la depresión. Lo que aprende una persona "interiorizadora" de sus padres tóxicos es, según Gibson (2015):

- *Da prioridad siempre a lo que los demás quieren que hagas.*
- *No digas lo que piensas.*
- *No pidas ayuda.*
- *No pidas nada para ti (p. 248).*

Los "externalizadores" reaccionan impulsivamente y dependen de medios externos para calmarse, lo cual les hace proclives al abuso del alcohol o las drogas.

A lo largo de mi experiencia con las víctimas de madres narcisistas, me he encontrado con más frecuencia con personas que se sienten culpables, buenas cuidadoras de su familia, y con relación de codependencia con sus madres. Pero este perfil básico tiene sus variantes, y también he asistido a personas con trastorno límite de la personalidad, donde se alternan o se simultanean estos dos patrones; tienen relaciones sentimentales complejas, se autolesionan, y manejan mal la ira.

En el presente capítulo se aborda el conjunto de síntomas y problemas clínicos y no clínicos que presentan las víctimas, independientemente de si son interiorizadoras o externalizadoras, ya que ambas respuestas no son excluyentes y un paciente puede actuar de ambas maneras a lo largo de su trayectoria vital, como reconoce Gibson (2015).

Todo esto se complica cuando los narcisistas son los dos, el padre y la madre. El sentimiento de abandono y de indefensión solo es aliviado por la presencia de figuras alternativas como son los abuelos, los tíos maternos o paternos, u otras figuras (ver El Hada Madrina más adelante en este mismo capitulo: pagEl Hada Madrina 118).

El sentimiento de culpa y la dependencia

Como ya se señaló en el primer capítulo, una de las claves que indican que una paciente puede ser víctima de una madre narcisista es el sentimiento de culpabilidad. A este sentimiento se suele añadir la dependencia emocional.

• Culpabilidad

Dejando atrás la distinción entre culpa y vergüenza, dado que es una discusión más teórica que práctica, englobaremos el sentimiento asociado a la inadecuación personal como "sentimiento de culpa" para indagar cómo viven las víctimas de maltrato emocional materno estas emociones. Desde que eran niñas, estas hijas se han esforzado en hacer que sus madres tuvieran un buen concepto de ellas, satisfacer sus necesidades y, siendo obedientes y complacientes, conseguir su afecto y dedicación. Sin embargo, sus anhelos nunca se cumplían, y este hecho les llevaba a la percepción del fracaso, sentimiento de desesperanza y a la explicación racional de que si alguien era culpable de esa situación no podía ser la añorada mamá, sino ella misma, la víctima.

Para contemplar este sentimiento desde una perspectiva psicológica, podemos apelar a un fenómeno denominado la "culpa basada en la empatía": los sentimientos empáticos tienden a transformarse en sentimientos de culpa cuando nos reconocemos como responsables del sufrimiento que percibimos en el otro (Hoffman, 2002). Este tipo de culpabilidad es el que tiene, por ejemplo, el superviviente de un accidente donde ha muerto alguien, o bien la esposa maltratada quien cree —falsamente— que ha provocado que su pareja se vuelva violenta y piensa que si ella lo dejara podría suicidarse; en un esfuerzo por salvar su vida, ella se mantiene en una relación abusiva. La "culpa basada en la empatía" subyace también en las emociones de nuestras víctimas y explica por qué son cooperadoras bondadosas de sus madres. No es raro que las hijas justifiquen a sus madres con palabras suaves, como que tiene mucho carácter o un genio vivo.

Para explicar cómo funciona psicológicamente este sentimiento de culpa, el equipo de O'Connor (O'Connor, Berry, Lewis, Mulherin y Crisostomo, 2007) realizó un estudio piloto —un juego económico— con estudiantes universitarios que habían sido evaluados en el Cuestionario de Culpa Interpersonal (IGQ: O'Connor, Berry, Weiss, Bush y Sampson, 1997). Los resultados demostraron el papel positivo —para el grupo— de la "culpa del superviviente": individualmente, los estudiantes que tenían un alto índice de "culpa del superviviente" también tenían un alto nivel en otras medidas que indicaban dificultades psicológicas. Sin embargo, a nivel del grupo, aquellos que tenían mayor culpabilidad por ser supervivientes tenían muchas más probabilidades de ser cooperadores. Esta parece ser una explicación experimental de por qué nuestras víctimas, a pesar de sentirse culpables, se comportan de manera altruista. El rol de cuidadora vigilante incansable, tan frecuentemente encontrado en las pacientes de los grupos de terapia, no está reñido con el sentimiento de inadecuación y culpabilidad.

También se ha podido comprobar experimentalmente que la "culpa basada en la empatía" aumenta cuando la relación personal es más estrecha, sobre todo cuando es familiar. En un estudio en línea (cit. Oakley, Knafo, Madhavan, y Wilson, 2012), se recopilaron reacciones narrativas de más de 400 personas ante una historia de "reducción de plantilla en el lugar de trabajo". El relato de partida trataba de un gerente con buena reputación en la empresa que es ascendido, mientras que otro gerente en una división diferente (también con buena reputación) es despedido. Los sujetos se asignaron al azar a una de cuatro condiciones, que solo variaban en la cercanía de la relación entre los dos gerentes. En una condición, el empleado que fue despedido era un hermano; en otra, era un amigo; en una tercera, era un conocido lejano, poco probable que se cruzara en el futuro; y en la cuarta, fue alguien que había sido un rival, quien a menudo se había comportado de manera poco ética. Los sujetos escribieron narraciones sobre los pensamientos, sentimientos y comportamientos que esperaban del gerente que fue ascendido. Los investigadores descubrieron que, cuanto más estrecha era la relación entre el sujeto con el gerente despedido, mayor era la probabilidad de que el trabajador ascendido se sintiera culpable, experimentara una disminución en la productividad y mostrara inhibición en actividades agradables. Es decir, que nuestra empatía, y nuestro sentimiento de culpa, se incrementan con la proximidad afectiva.

La "culpa basada en le empatía", por la cual una hija se convierte en víctima codependiente, es un proceso cognitivo en el que se despliegan numerosos pensamientos relacionados con el estilo atribucional. Las víctimas tendrían un estilo atribucional interno para los sucesos desagradables (consideran que lo malo que les ocurre se debe a sí mismas, no a otras personas, o a la mala suerte), lo cual se relaciona con la depresión (Abranson, Seligman y Teasdale, 1978). El modelo estructural propuesto por O'Connor, Berry, Lewis y Stiver (2012) muestra que "la culpa basada en la empatía" correlaciona tanto con el altruismo como con la depresión y el distrés psicológico. Por ello, las víctimas de madres narcisistas pueden ser tanto cuidadoras abnegadas, gustosas de cuidar y agradar a otras personas, como, simultáneamente, tener sentimientos de inadecuación y tristeza.

- **Dependencia**

La dependencia de las víctimas de sus agresores se ha investigado ampliamente en el área de la "violencia de género". Villegas y Sánchez (2013) realizaron un estudio para identificar las características de dependencia afectiva en un grupo de mujeres víctimas de maltrato por su pareja. Encontraron que las características psicológicas más sobresalientes de dependencia afectiva en las participantes fueron expresión límite (percepción de la ruptura de pareja como algo catastrófico y expresiones impulsivas), miedo a la soledad (la soledad es vista como algo aterrador y se evita por todos los medios), ansiedad por separación (miedo ante la amenaza de ser abandonados y preocupación por la pérdida), así como modificación de planes (modifican su vida con tal de retener a su lado la pareja). Si sustituimos al agresor de "pareja" a "madre", podemos identificar que los sentimientos asociados al maltrato materno son los mismos.

Es frecuente encontrar rasgos de personalidad dependiente en las víctimas. El individuo codependiente percibe el afecto negativo en otro y no puede modular su respuesta empática, lanzándose a cumplir los deseos del individuo dominante. Este comportamiento conduce a una disminución del afecto negativo en el otro, se recupera la situación, se calma, y el sujeto restablece su homeostasis. En el caso de nuestras víctimas, mantener a la madre contenta, o no enfadarla, es el motor de la conducta sumisa.

Una explicación a las conductas de dependencia de las víctimas se ha generado en torno a la "adicción a las emociones", con implicaciones psiconeurológicas relacionadas con los circuitos neuronales de la recompensa/castigo. Fernández Txasko (2018) define la adicción emocional: explica por qué te quedas atrapada en tus emociones. Si no puedes controlar tus emociones eres adicta a ellas. Tu cuerpo es adicto a los químicos que producen tus emociones. Una paciente que he atendido recientemente reconoce que este argumento le ha dado sentido a lo que ha venido experimentando internamente durante toda su vida. No he encontrado investigaciones a este respecto.

Así pues, encontramos que ambas emociones (culpa y dependencia) están presentes en mayor o menor grado en las víctimas. Además, otro efecto negativo de la culpabilidad y la dependencia es que marcan "mapas cognitivos". Bell, Fisher, Baum y Green (1996) definen un mapa cognitivo como una representación muy personal del entorno familiar que nosotros experimentamos (es decir, una representación de nuestra personal comprensión del entorno), que perdura durante toda la vida y nos afecta en las relaciones afectivas posteriores. De ahí que, acostumbradas a interpretar la realidad de manera culposa, las víctimas no reaccionen separándose del elemento agresor o recriminándole su conducta, sino que acepten su destino, se sometan y, además, se sientan culpables por no ayudarle a sentirse bien. Esto explicaría el apego a figuras tóxicas, a lo largo de la vida, de un alto porcentaje de las víctimas, que trataremos en el capítulo 5.

• La ira y la rebeldía

Las víctimas no siempre reaccionan con pasividad y culpa. Muchas víctimas se consideran "independientes" porque desde pequeñas asumieron responsabilidades que no les correspondían y, a veces, han sido las madres de sus madres. Siempre se las han arreglado solas, abandonando el hogar incluso precozmente, aunque sus carencias afectivas vayan con ellas.

Como hemos visto, también existen hijas que manifiestan su disconformidad con el trato recibido oponiéndose a sus madres, haciendo justamente lo contrario de lo que se espera de ellas, y se rebelan. Podemos imaginar que esas hijas se liberarán de sus ataduras y serán más felices, pero esto no siempre es así. El vivir en una familia donde las relaciones son anómalas y el afecto es proporcionado con cuentagotas (o de manera arbitraria, o ambas), puede desembocar en un trastorno de la personalidad identificable. En ocasiones, además de poder recibir un diagnóstico de trastorno de personalidad tipo dependiente/evitativo también pueden ser diagnosticadas de TLP (trastorno límite de la personalidad). Es asumible que una desnutrición afectiva en la infancia deje secuelas permanentes en la personalidad de la niña. La magnitud del daño dependerá, presumiblemente, de cuán severa y mantenida en el tiempo haya sido la carencia de afectos genuinos por parte de su madre; de manera que el mayor daño se producirá cuando mayor sea la ausencia. En muchos casos el desamor o el amor disperso, contradictorio, inconstante y egoísta de las madres narcisistas genera en las hijas un vacío en la identidad profunda, que es una de las características cardinales del TLP.

Gibson (2015) considera que este tipo de reacción se denominaría "externalización", en oposición a la "interiorización" —basada en la culpa y la dependencia que hemos descrito en el apartado anterior—, y consistiría básicamente en "pelear con la realidad en vez de adaptarse a ella. Culpan al mundo exterior de sus problemas, como si la realidad fuera la culpable" (p. 147).

Los externalizadores muestran un comportamiento impulsivo, aunque luego se arrepienten de ello y sienten vergüenza (aunque no piden perdón y se niegan a reconocer su responsabilidad). Para aliviar esa tensión y la sensación de ser malas personas, o bien culpan a otros, o bien se autoagreden, o bien se alivian mediante alcohol o drogas. No es infrecuente encontrar que las víctimas que sí sienten culpabilidad se refieren a sus hermanos como "problemáticos" en este sentido.

McBride (2008) también cita este fenómeno pero lo denomina "la hija que se boicotea a sí misma" que en la práctica lo que le dice a la madre con su conducta es "*¿Ves? Te estoy demostrando que no puedo ser la que quieres que sea*" (p.134). La conducta malsana de estos hijos "externalizadores" se mantiene y perpetúa porque ¡funciona! La madre (y el padre, si está presente en la familia) prestan más atención a este tipo de comportamientos. Si una hija da problemas, posiblemente obtenga más atención de la madre, no por cariño y amor, sino por solucionar el problema, por el qué dirán, y para mantener el poder: salir del caos y controlar a su prole es importante para una madre y, si es narcisista, más aún.

Los estados mixtos de comportamiento externalizador/internalizador son la regla más que la excepción. No hay que olvidar que los pacientes con trastorno límite de personalidad son grandes "ayudadores" y parecen llenar su "vacío" interno con conductas bondadosas y altruistas.

Todas estas aseveraciones deberán ser comprobadas empíricamente y, aunque la medición del desamor y sus consecuencias es difícil de operativizar, existe una propuesta para su evaluación, que pasamos a examinar en el siguiente apartado.

Propuesta para la evaluación del desamor y de sus efectos: dos cuestionarios para víctimas de madres narcisistas

Como hemos visto a lo largo de este capítulo, no hay un cuadro clínico preciso y definido para describir un prototipo de víctima de madre narcisista. La heterogeneidad es la norma. Por lo tanto, en un principio, y a la espera de más indagaciones, debemos empezar por detectar si necesitan ayuda por este motivo.

La psicoterapeuta Karyl McBride (2013) ha publicado un cuestionario informal en su libro *Madres que no saben amar*[5]. Las preguntas que se deben formular a los pacientes van desde las conductas narcisistas abiertas de la madre a la capacidad de empatía de la madre hacia los sentimientos de su hija y la percepción de esta sobre el trato recibido.

A esta serie de 33 preguntas (ver obra original), añadí otras cuestiones que, a mi juicio, faltaban en la evaluación de las víctimas. Con el tiempo fui transformando este cuestionario, suprimiendo ítems, o reformulando las cuestiones para eliminar el fenómeno de aquiescencia (no todas las preguntas puntúan si se responde "sí"), y añadiendo ítems que me parecían relevantes. Recientemente estos primeros balbuceos han cristalizado en una investigación formal de validación de dos cuestionarios diferentes: el primero, dirigido a la detección del narcisismo materno, bajo la visión de la hija, y el segundo, dedicado a sondear el impacto que dicho narcisismo ha tenido en la vida de su víctima. Aunque mis colaboradores (Dña. Carmen Rosa - Estadística-, Dña. Cristina Quesada - Psiquiatra-, Dña. Ascensión Escabias -Psicóloga Clínica-, D. Joaquín Sama -Psiquiatra- y la Dra. María José Gómez - Psicóloga Clínica-) y yo estamos en el proceso de validación, muestro los cuestionarios originales en el ANEXO 1.

Los resultados de las preguntas añadidas al cuestionario inicial en 25 pacientes se muestran en el ANEXO 2. Su valor es descriptivo y muestran cómo los datos recogidos hasta ahora confirman el fenómeno de victimización de las hijas de madres narcisistas.

Percepción de las víctimas: Diferencias de trato hacia varones y mujeres

La proporción de víctimas de madres narcisistas según su sexo es difícil de cuantificar, ya que la representación de varones es muy escasa en mi experiencia grupal. Podemos decir que la mayoría de las víctimas son mujeres y que la mayor gravedad ocurre en las mujeres. En palabras de Karyl McBride:

Las niñas creen que la madre es la auténtica fuente de todo y tiene todas las respuestas. Si a una madre no le gusta su hija, o cree que no es lo bastante buena, la niña creerá que es poco agradable y que no está a la altura. Si nadie cuestiona esta distorsión y le muestra que es digna y merecedora de *atención, la niña interiorizará estos sentimientos negativos y acabará decidiendo que no puede ser de otra manera* (McBride, 2008, p. 136).

Aunque para las mujeres es importante la relación con la madre, no lo es menos para los varones; así que debemos preguntarnos por el motivo de que la proporción de víctimas sea tan diferente entre chicos y chicas. No es probable que esta desigualdad sea caprichosa. Las razones pueden responder a varios posibles motivos:

a) *Las mujeres, más que los varones, tendemos a sentirnos culpables*

Como parte de los procesos de socialización, el sentimiento de culpa actúa como inhibidor de conductas transgresoras de los valores de una cultura determinada y como facilitador de comportamientos prosociales. Se admite, en general, que las mujeres somos más proclives a sentir culpabilidad que los varones, aunque no se han demostrado las vías de por qué ocurre esto.

El estudio del desarrollo moral en la infancia es una fuente de información sobre el sentimiento de culpa. Un ejemplo de esto lo proporcionaron Sastre y Moreno Marimón (2003) al explorar las intenciones de chicos y chicas de 6 a 21 años de edad para resolver un conflicto moral hipotético:

> *Hacía tiempo que Sonia (o Ricardo) quería tener un bolígrafo que le gustaba mucho, pero que era de una marca demasiado cara para ella. Hoy, cuando no había nadie en clase, ha visto uno igual al que ella quería encima de una mesa, lo ha cogido y se lo ha quedado. Ahora Sonia está encantada de tener el bolígrafo pero al mismo tiempo se siente culpable de*

haber robado y está intranquila; por esta razón Sonia
le explica su problema a un/a buen/a amigo/a, Laura
(o Sergio). Laura quiere ayudar a su amigo/a y, des-
pués de pensar un buen rato, se le ocurren dos ma-
neras diferentes de solucionar el problema de Sonia.

Sobre este texto plantearon varias preguntas: *¿Qué ha-*
rías tú si fueras el amigo de Sonia? ¿Por qué harías esto y no
otra cosa? Al plantear la primera pregunta como un consejo
al autor del robo, se supone que la defensividad disminuye,
y el sujeto da una solución sincera en forma verbal sin tomar la decisión de la propia conducta por la cual se le podría juzgar, puesto que él no es el transgresor. Además de
otros hallazgos, las autoras encontraron diferencias entre los
sexos: el quedarse con el objeto por temor al castigo está
más presente en los chicos y los valores morales (devolver-
lo) en las chicas.

Las distintas interpretaciones de los datos de esta investigación incluyen que las mujeres tendríamos presente el
bienestar de la otra persona, y que actuaríamos guiadas por
unas normas morales ("lo que está bien"); sin embargo, los
varones, en una mayor proporción, se dejarían llevar por la
satisfacción inmediata, y se esforzarían en eludir el castigo.
La implicación de estos hallazgos sobre la culpabilidad no
es desdeñable.

b) Asignación a los hijos de roles tradicionales o "mandatos de género"

Las madres imponen la carga del cuidado doméstico a
la hija (y no al hijo) como cumplimiento de un rol social
prefijado por la cultura. En primer lugar, señalaremos que
la relación madre-hija es fundamental para el aprendizaje
social. Aunque la ausencia de modelo materno adecuado se

verá compensado, generalmente, por otra figura materna, como veremos después, una hija que recibe desdén, desamor e indiferencia de su madre posiblemente notará las carencias más que un hijo varón. En segundo lugar, realmente se educa a las mujeres para cumplir roles de cuidado de la familia a niveles distintos a los de los varones. A ellos se les educa para traer dinero a casa y defender el hogar; y a nosotras para crearlo, dando cuidados y apoyo emocional, justo lo que las madres narcisistas no dan jamás.

La asignación de tareas en función del género hace que imponga la carga del cuidado doméstico a una hija, en lugar de a un hijo. Los roles de cada sexo son muy estrictos en las madres narcisistas, excepto cuando no hay nadie a quien ordenarlos. En ese caso, no dudará de entrenar a su hijo varón para que realice las tareas domésticas. Es curioso que si se busca en internet fotos de niños de ambos sexos lavando platos, rara vez aparece un varón. En muchas de las imágenes que podemos encontrar, las niñas están subidas a sillas para alcanzar el fregadero. El lavado de los platos tras el almuerzo por parte de las niñas es un hecho mencionado con frecuencia en los grupos de terapia.

Las hijas de Amparo, una mujer ingresada en la Unidad de Psiquiatría por amenaza suicida, a las que entrevisté porque dudaba de la veracidad de su relato victimista —y que luego resultó fingir fiebre para no ser dada de alta—, recuerdan la silla que su madre les ponía para que fregaran los platos después de cada comida. La silla era demasiado alta —decían—, por lo que tenían que ser muy pequeñas. Mientras, su madre se iba a dormir la siesta.

Las niñas pequeñas de estas madres suelen colaborar en las tareas domésticas sin plantear problemas; y mucho menos protestan por tener obligaciones que sus amigas y compañeras del colegio no tienen, aunque sí guardan memoria de ello durante toda la vida.

Mari Ángeles veía la televisión con su marido. En una imagen retrospectiva en blanco y negro, Fofó, uno de "Los payasos de la tele", cantaba a coro con su público infantil la canción "Los días de la semana" mientras dramatizaba las tareas. M.A. llamó la atención de su esposo: Esa canción podría cantarla yo:

"Lunes antes de almorzar, una niña fue a jugar, pero no pudo jugar porque tenía que planchar. Martes antes de almorzar, una niña fue a jugar, pero no pudo jugar porque tenía que limpiar…"[6]. Y así seguían los días de la semana, entre lavar, coser, barrer, guisar, y por último, rezar.

c) **Las madres narcisistas son extremadamente machistas**

Como ya se ha mencionado anteriormente, las madres narcisistas son sumamente machistas. El hijo siempre será el preferido ante los ojos de la madre, y procurará que la hija le procure el bienestar diario que necesita. La asignación de dinero también será desigual, como lo será el gasto en ropa o en caprichos. Si la hija protesta, se le dirá una y otra vez que él es un hombre y ella, no.

Conchi es administradora de comunidades de vecinos, igual que su hermano. Su padre también lo es. La madre procura influir a su padre para que dé el trabajo que le sobra a su hijo varón porque considera que Con-

chi solo emplea el dinero que gana "en comprarse zapatos y bolsos".

Obviamente, esta actitud machista tampoco es patrimonio del narcisismo materno, pero es un dato que no hay que olvidar, dado que cuando la hija pregunta "¿por qué me eligió a mí?" el hecho de que la madre muestre preferencia hacia el hijo varón, al ser algo generalizado en estas madres, ayuda a las hijas a reconocerse como víctimas de un trato diferencial en base a su sexo, y no a otras cuestiones de las cuales se debería sentir responsable.[7]

La elección de un hijo como víctima, como ocurre con las tareas domésticas, solo sucede si no hay niñas en casa, o si la hija es narcisista también, o si se ha ido de la zona de influencia materna (contrayendo matrimonio o cambiando su residencia a otra ciudad).

Antonio vive con su madre, ya anciana, pero que padece un delirio erotomaníaco con un vecino; y con su hermano mayor, alcohólico. Él es el responsable de su cuidado y, aunque sabe que su vida mejoraría si abandonara el hogar materno, no es capaz de dejar a su madre sola. Ella marca todas las rutinas de su vida. Al preguntarle si tiene hermanas, nos informa de que sí, pero que sus hermanas se han casado y se han ido del pueblo. "Si no, ellas serían las que se ocuparían de todo, pero han sido más listas que yo".

Por otra parte, un hijo del que sentirse orgullosa, mostrándolo a las vecinas y familiares como triunfo personal suele ser incompatible con el rol de "Ceniciento", un papel de sirviente, degradado y victimizado. Por ello, el hijo varón, el "niño de oro", es mimado y mostrado como el alter ego de su madre. Además, en caso de disputa entre la hija-víctima y el hijo-preferido, todo se resuelve indefectiblemente a favor del varón.

d) *La rivalidad con las hijas es más evidente y autoafirmante que con un hijo*

El afán por la belleza de las mujeres narcisistas es un rasgo importante de su personalidad. Si la niña tiene cualidades físicas por tener una cara y un cuerpo bonitos, la madre se sentirá muy celosa de ella. Es la escena de la madrastra de Blancanieves ante el espejo: "Espejito, espejito, ¿quién es la más guapa del reino?". La rivalidad que la madre tiene con la hija (como veremos después en el capítulo "¿Por qué a mí?"), además de por su belleza, puede ser por su parecido con el padre, o con la familia del padre. Y también puede ser una rivalidad afectiva, si tenemos en cuenta que el padre puede manifestar una predilección o un apego importante por la hija. La esposa narcisista, que ha degradado al marido, no puede tolerar que este "se escape" de sus lazos estableciendo afectos con nadie, y menos con su propia hija. Estos lazos serán objeto de un análisis pormenorizado más adelante. Además de ello, una madre puede incluso, como veremos más adelante, rivalizar con su hija por conseguir el amor.

e) *El hijo suele tener un papel compensador (psicodinámicamente hablando) que la hija no puede tener*

Un hijo varón no rivalizará nunca con su madre en cuanto a su aspecto físico, ni en su afecto por el padre, ya que su sexo es diferente, pero su papel en la vida de su madre es muy importante. El hijo ocupa el lugar del marido en muchos aspectos. Suele ser su confidente, y sus desvelos casi siempre se dirigirán a él.

Las razones de esta predilección y del machismo de la mujer narcisista pueden ser profundas: la madre narcisista, que ha colocado a su marido en una posición humillada, necesita un compañero "a su nivel" que le permita "reinar" de manera normalizada. El nuevo "rey" será colmado de regalos y prebendas de manera que ella conseguirá el amor verdadero sin necesidad de tener que recurrir a la humillación controladora que tiene que ejercer hacia su marido. No se trata de un incesto real, puesto que el contacto sexual no forma parte de las relaciones entre una madre y su hijo, pero sí a nivel simbólico. Esta idea no es nueva; en *De repente el último verano*[8], la adinerada viuda Violet Venable (Katherine Hepburn) no tiene inconveniente en desvelar su relación incestuosa (Complejo de Agripina) con su hijo único, Sebastian, poeta homosexual, fallecido en un pueblo costero mediterráneo. Cuando el psiquiatra pregunta a Violet por la vida íntima de su hijo, ella afirma: "*Era casto. Era yo la única que satisfacía sus demandas.*" Posteriormente dice: "(...) *Mi hijo y yo compartíamos un único y maravilloso amor, había comprensión entre nosotros, había una especie de contrato, un pacto entre los dos, él lo rompió cuando se apartó de mí y se la llevó a ella a viajar con él mientras creaba su poema... Él era mío y yo sabía cómo ayudarle (...)*".

Otro ejemplo de este tipo de relación entre una madre narcisista y su hijo se perfila en la película *Gente Corriente*[9]. Beth (encarnada por Mary Tyler Moore), esposa y madre aparentemente perfecta, pierde a su hijo mayor en un accidente deportivo en el que se ve implicado su otro hijo. El duelo complicado de esta familia hace aflorar el narcisismo materno, en el cual se deja entrever el desapego de Beth hacia su marido, y su relación estrecha y gratificante con el hijo mayor que fallece en el accidente, no perdonando al menor el que haya sido él el superviviente. El marido le espeta: *"Habríamos estado bien, si no hubiera habido ningún desastre. Pero no puedes manejar el desorden. Necesitas todo limpio y fácil. No sé, tal vez no puedas amar a nadie. (…) Cuando Buck murió, fue como si enterraras todo tu amor con él, y no entiendo eso, simplemente no lo sé, no… tal vez ni siquiera fue Buck; tal vez fuiste solo tú"*.

Otra frase que describe este fenómeno la escribió Milán Kundera en su libro: *La vida está en otra parte* (1969): *"¡El cuerpo del hijo era su hogar, su paraíso, su reino!…"*

Sonia describe que su madre, cuando su hermano va a visitarla, lo toca por todas partes, y a veces le dice en voz alta "estos brazos tan fuertes son míos".

La hipótesis mencionada sobre el amor incestuoso de las madres narcisistas hacia sus hijos varones es meramente especulativa y no ha sido contrastada empíricamente, pero explicaría desde el punto de vista psicodinámico por qué una madre establece relaciones tan diferentes entre uno de sus hijos, un varón, en detrimento de los otros.

Pero, ¿qué ocurre con el hijo? ¿Mantiene un apego patológico hacia su madre? El hijo varón elegido como preferido, en detrimento de su hermana o hermano, no reconoce ningún defecto en su madre, y niega este trato diferencial. Esto es un hecho repetido en el discurso de las integrantes de los grupos de terapia. También en la literatura, ajena al mundo psicológico, se ha puesto de manifiesto. En el libro Lluvia fina de Luis Landero (2019), cada acusación de las hijas —hermanas de Gabriel, el protagonista— hacia la conducta egoísta de la madre va acompañada de réplicas del hijo varón: *"¡Qué ridículo!, decía Gabriel"* (p. 71), o *"pero Gabriel no lo recuerda así*" (p. 48). Sin embargo, si las víctimas comentan los mismos reproches con el resto de sus familiares paternos, encuentran datos adicionales que le confirman que su madre es "especial", difícil o problemática.

Otro dato que apunta a que el daño de la relación 'madre narcisista-hija' es más dañina para una niña que para un niño se deduce también de que la víctima que acude a consulta a veces es la nuera, y no el hijo (el marido de la paciente, el hijo de la madre narcisista). Las nueras atendidas son mujeres buenas, con rasgos dependientes u obsesivos de personalidad, que se han visto sometidas por una mujer malvada, la madre de su marido. La primera de estas nueras se sentía presionada por tener que cuidar de su anciana suegra tras una vida llena de desaires y desprecios, a pesar de darle todo tipo de atenciones. Tanto era el sufrimiento que ello le provocaba que intentó suicidarse.

> *Inés tiene muchas dificultades en cumplir las prescripciones de la terapia, que son básicamente que no se ocupe de su suegra. Se siente culpable, y no quiere ni pensar en que le ocurra nada malo porque sabe que el no acudir a atenderla será motivo de remordimientos. Al fallecer su suegra, los sentimientos de culpabilidad afloraron de tal manera que pensó que le sobrevendría un castigo enorme, y que ella y su familia no podrían escapar a la ira divina porque ella no había acudido a cuidar a su suegra moribunda. Pensaba que desde la otra vida podría maldecirla y hacer que le ocurriera todo tipo de desgracias a ella, o a su marido e hijas.*

Otra nuera-paciente había vivido quince años en una vivienda construida en el sótano de la casa de sus suegros:

Águeda es comercial, extrovertida y alegre, pero la vida con su marido es un infierno. A pesar de que lo ama profundamente, tiene que soportar que su suegra se queje de sus tacones, aunque vive en el piso de arriba, y no en el de abajo, como sería lógico para ser molestada por las pisadas de los vecinos. Las quejas de que hacen ruido, reciben visitas, o salen con frecuencia dejando la casa sola, se repiten casi a diario. Su madre y su consejero espiritual le dicen que "esa es tu cruz", y por ello soporta con estoicismo todas las humillaciones que reciben tanto ella como su marido.

El que sean las nueras las que acudan a consulta y no sus maridos, a pesar de que ellos han padecido una crianza anómala —una infancia llena de privaciones de afecto—, implica que los varones tienen una especial resiliencia ante este tipo de madres. En los dos casos mencionados, ambos son buenos maridos, buenos padres, y no se han contagiado del narcisismo materno. Sin embargo, sus esposas han sucumbido a la culpabilidad si no hacían "lo correcto", que es atender a la madre de tu marido (otro mandato de género). ¿Por qué es esto así en los hijos y no en las hijas? Desconozco el motivo, pero he decidido incorporar en un futuro a los maridos de este tipo de víctimas a la terapia grupal.

Cenicienta y Blancanieves como paradigmas de la víctima de madre narcisista

En su libro *Psicoanálisis de los cuentos de hadas*, Bruno Bettelheim (1975) aboga por emplear los cuentos de hadas como una manera de calmar la ansiedad infantil proporcionando con sus historias un sentido a la confusa realidad que inunda al niño. "Los cuentos de hadas suelen plantear, de modo breve y conciso, un problema existencial" (p. 16). Ante estos conflictos, los niños aprenden principios morales y soluciones para lidiar exitosamente con la adversidad. "El niño no se identifica con el héroe bueno por su bondad, sino porque la condición de héroe le atrae profunda y positivamente (...) Si este personaje fantástico resulta ser una persona muy buena, entonces el niño decide que también quiere ser bueno. En estos cuentos la moralidad no es ninguna solución, sino más bien la seguridad de que uno es capaz de salir adelante".

Más que hacer que el niño asimile las realidades de la vida, los cuentos están hechos para calmar la angustia de los padres sobre estas realidades con las que sus hijos se pueden encontrar. Los cuentos que han pasado por la historia, generación tras generación hasta la actualidad, están cargados de significado, en un intento de los adultos por comunicar experiencias dolorosas o peligrosas, así como los medios para salir de ellas.

Pocos son los cuentos que acaban mal, y si acaban mal la mayoría son edulcorados. Este es el caso de La Pequeña Vendedora de Cerillas, cuyo propósito es enfrentar a los niños con la muerte real, ya que su protagonista acaba muriendo de frío, pero es recogida por su abuela muerta y llevada al cielo. Se puede interpretar que la moraleja del cuento es la de inspirar compasión por quienes son menos afortunados que nosotros, pero el fondo oculto es que los niños mueren, y están solos en la muerte. Difícilmente este relato será el preferido de ningún niño y si ha pervivido hasta hoy en día no es por la identificación que los niños hacen con su personaje. La función principal de una historia tan terrible con un final trágico es la de calmar a los padres en su afán por explicar a los hijos, en un tiempo en el que la mortalidad infantil era enorme, que los niños —sus hermanos, o ellos mismos— pueden morir, pero que en su partida estarán acompañados por las figuras de apego que les han acompañado en corta vida (en este caso su abuelita).

Otros cuentos relatan experiencias terribles, pero se han ocultado tanto que se ha olvidado su verdadero significado. Por ejemplo, el cuento de Caperucita Roja es un ejemplo de cómo los padres cuentan una historia tergiversada para advertir a sus hijos de experiencias horribles, como es un abuso sexual. En el cuento, la víctima, Caperucita, es engañada y seducida para hacer lo contrario de lo que la madre le ha indicado. Al llegar a la casa de la abuela, la niña vuelve a ser objeto de un ardid para meterse en la cama con el lobo[10].

Visto desde esta perspectiva, hay que aceptar que los padres sienten con gran repercusión anímica la angustia de saber que un adulto desconocido puede seducir a una niñita, y para calmarla cuentan a los niños la historia disfrazada. Al repetirles el cuento una y otra vez, pretenden transmitirles una enseñanza sobre la vida real. Su propósito no es otro que advertirles de que algo malo les va a pasar si acceden a las peticiones de los desconocidos, pero sin verbalizar los detalles claramente. Tanto se ha disfrazado la historia a base de símbolos y metáforas que el significado real ha quedado oculto. Los padres actuales no son conscientes del verdadero sentido del cuento. El lobo es un lobo para los niños, y no un adulto con una parafilia pedófila que pretende seducir a la niña para meterse en la cama con ella. Los niños, obviamente, no captan nada de eso, y si no se les habla sin tapujos no lo evitarán. Ciertamente, una niña jamás reconocerá esta simbología del cuento si se le presenta esta horrible experiencia en la vida real. La función inicial del cuento se ha perdido en el tiempo.

Dejando a un lado las interpretaciones más puramente psicoanalíticas, Bruno Bettelheim va desgranando uno a uno los componentes de los cuentos. De su análisis se desprende que existen figuras arquetípicas que sirven de modelo y guía y que por ello han pervivido a lo largo de la historia, desde tiempos remotos. En relación con el narcisismo materno y sus víctimas están dos cuentos de raíces populares: Blancanieves y La Cenicienta. En ambos relatos, la madrastra no es una verdadera madrastra, sino una madre. Para contar un cuento que haga dormir a los hijos, al mismo tiempo que se les den mensajes sobre lo que pasa en la vida real, no se les puede contar la verdad porque los asustaría y les causaría un gran dolor. Así pues, se dulcifica la historia y la madre mala se convierte en madrastra ante los niños.

Blancanieves

El cuento de los hermanos Grimm tiene su origen en una pequeña historia medieval[11] y en otras dos, conjugadas, de la vida real, la de María Sophia Margaretha Catharina Von Erthal[12] y de Margarethe Von Waldek[13].

Los paralelismos que Blancanieves tiene con las hijas víctimas de madres narcisistas son evidentes:

a) *La madre/madrastra se siente celosa de la belleza de Blancanieves.*

No hay figura más parecida al Narciso de la mitología griega que la madrastra de Blancanieves. La madrastra se mira en el espejo mágico y se complace en su belleza, como

Narciso hacía en las aguas. ¿Qué más da un espejo que un río? Y el conflicto surge cuando su imagen perfecta no es reconocida como tal, y entra en competencia con la lozanía adolescente de Blancanieves. Muchas madres narcisistas compiten realmente con sus hijas. Se arreglan de forma juvenil y provocativa.

> *Gracia es profesora de dibujo en un instituto. Tenía una alumna que acudía a clase con ropas muy escasas de tela y excesivamente maquillada; mantenía actitudes provocativas ante sus compañeros, sin importarle que estuvieran emparejados con otras chicas. Esto creaba muchos conflictos en el recreo y a la salida. El equipo directivo acordó que como tutora del curso, además de hablar con la chica, citaría a la madre para que cuidara de que su hija vistiera con ropas menos exageradas y sexis para ir a clase, pero acabó por no decirle nada cuando la vio aparecer: su aspecto era más exagerado y provocador que el de su hija.*

Una paciente del grupo, Paloma, me comentó que el día que trajo a su madre a mi consulta se sintió reconfortada nada más entrar: "*Me dijiste que estaba muy guapa y pensé: le ha dado la primera en la frente; no hay nada que pudiera haber fastidiado más a mi madre que eso porque cuando me dicen lo guapa que estoy ella se enfada*".

No todas las madres narcisistas envidian a sus hijas por su belleza, aunque sí pueden hacerlo por otros aspectos de su vida o su personalidad. Si la hija ha alcanzado unos niveles académicos mayores, intentará minimizar su importancia, o atribuirse parte del mérito.

b) *La madrastra de Blancanieves es capaz de* TODO *para salirse con la suya.*

Igual que la madrastra de Blancanieves encarga a un cazador que asesine a su hijastra y le traiga su corazón, y se disfraza de bruja (ha tomado una pócima de aspecto repugnante para lograr transformarse) para acercarse y persuadirla de que muerda una manzanan la madre narcisista convencerá al padre que acaba de llegar a casa de que debe castigar a su hija; y de influir en su hija para que deje al novio que a ella no le gusta.

La manzana no es otra cosa que un "regalo envenado" del que ya hemos hablado y hablaremos, pero esta vez el veneno era real, no metafórico.

Joaquina tiene el recuerdo reiterado en el que puede visualizar a su madre en el quicio de la puerta del comedor mirando cómo su padre le pegaba. Lo había estado esperando para contarle que ella había sido una niña mala, y que merecía un severo castigo. El motivo podría ser nimio. De eso no se hablaba.

Nerea tenía un novio en el instituto que no era del agrado de su madre porque era camarero. "Ese chico no te va. Tú eres de otra clase social". Le prohibió salir con él y puso a la hermana pequeña como vigilante para que la informara de cualquier transgresión a sus normas. Cuando pasó el tiempo, y Nerea fue a casarse, recibió la visita de su antiguo amor (en la víspera de la boda) para pedirle que no se casara y que volvieran a ser novios. Por supuesto, su ruego fue en vano. La hermana menor de Nerea proclama que su madre ha permitido a sus hijas que eligieran a sus parejas sin ningún reparo, lo cual es evidentemente falso. Nerea sigue preguntándose qué habría pasado si en lugar de casarse con su marido, se hubiera unido a su novio camarero, pero sabe que desobedecer a su madre no era posible.

c) **Blancanieves recurre a gentes ajenas a la corte para sobrevivir, pero no les habla de su madrastra**

Las víctimas de madres narcisistas necesitan ayuda y buscan el contacto con otras personas. Sin embargo, rara vez rompen el tabú de no hablar mal de sus madres. Cuando he propuesto a las hijas víctimas que he tenido en consulta que acudan a un grupo con otras víctimas de madres narcisistas han aceptado inmediatamente, aunque en algunos casos me han anunciado que no iban a hablar apenas. Sin embargo, cuando ha acabado la primera sesión grupal siempre alguien alude al tema del tabú: "*Me siento culpable de decir estas cosas tan horribles de mi madre, a pesar de que lo que oigo es muy parecido a lo que me ha ocurrido a mí*". Todos los asistentes al grupo comparten la misma idea: las niñas buenas no hacen esas cosas, parecen oír de sus conciencias.

d) **La degradación a la que la madrastra somete a Blancanieves implica su muerte**

La madrastra de Blancanieves ordena al cazador que asesine a la niña y le lleve su corazón en *un* cofre como prueba inequívoca de su muerte. Esta crueldad asesina hace que pensemos que la madrastra es en realidad ¡una psicópata antisocial con instintos homicidas! y no una narcisista propiamente dicha. Pero no hay que olvidar que en los cuentos, los roles están exagerados para no ofrecer dudas sobre la maldad de los personajes malvados. Esta reina es una narcisista de cuento que tiene su correlato similar en forma leve en el mundo real. Lo que la madre narcisista quiere es la aniquilación de su víctima-hija. En el caso de las víctimas de madres narcisistas de la vida real, la muerte es una muerte psicológica. Sus opiniones no son tenidas en cuenta, su vida solo interesa si es manejada por la madre, su dinero les es arrebatado: su sueldo si trabaja; sus ahorros e incluso las monedas de su bolsillo; sus ropas; y sus enseres de maquillaje, de su neceser. Todo le pertenece porque su hija es suya.

Suele encontrarse una buena relación entre las madres y sus yernos. Ante un conflicto familiar, incluido el maltrato en el seno de la pareja, la madre se posiciona a favor del marido de su hija. En casos extremos, la suegra (madre narcisista) incluso ha seducido a su yerno. Es el tema de la película *El Graduado*, de Mike Nichols (1967), protagonizada por Dustin Hoffman y Anne Bancroft. En el filme, pueden oírse frases como estas:

➢ *—¡Por Dios, señora Robinson! Me hace entrar a su casa, me da un trago, pone música, me habla acerca de su vida personal, dice que su esposo tardará [...]*
— ¿Y?
— ¡Usted está tratando de seducirme!

➢ *Es como estar en un juego con reglas sin sentido creadas por las personas equivocadas.*

El corazón de Blancanieves también puede ser para ella: si le gusta su novio, también se lo quitará[14].

Cenicienta

Comparo a las hijas de madres narcisistas con la Cenicienta. Es un rol que define casi por completo el que muchas víctimas adoptan. Hay cientos de versiones de Cenicienta en todo el mundo, desde la antigüedad egipcia, pero el versionado por Disney es el cuento clásico de Perrault. La Cenicienta es una historia que se ha asociado a la rivalidad entre hermanos (Bettelheim, 1966), pero mi criterio es distinto: es la historia de una madre narcisista, un padre ausente, ligado a su hija querida, y unas hermanas preferidas de la madre: un *reparto* estelar que se repite en las familias narcisistas.

La primera vez que la literatura científica habló del "Síndrome de Cenicienta", fue en la revista *Canadian Medical Association Journal,* y fue el Dr. Peter K. Lewin, en 1976, en una carta al editor. En seis párrafos describía un caso de una niña de 12 años que quedó huérfana de madre a los cinco. Según describe este médico, la niña presentaba problemas familiares y escolares (inatención, berrinches, suspendía los cursos, y deseaba irse de su casa). En presencia de su madrastra se comportaba bien, y se mostraba cooperadora, pero informó de que esta la reprendía por las tareas domésticas que incluían el cuidado de sus hermanos pequeños de 2 y 4 años. Por ello quería escapar de casa y buscar a su "príncipe". Cuando entrevistó a la madrastra, ella se dedicó a divagar sobre las desgracias familiares y las fechorías de su hijastra. El padre reconoció que el problema era su esposa, no su hija, pero que él no interfería para no contradecir a la primera. La situación mejoró cuando el padre se implicó, siguiendo las pautas de un consejero.

Curiosamente, el concepto de "Síndrome de Cenicienta" no siguió por esos derroteros, lo cual habría representado un conocimiento muy valioso de los sentimientos de las niñas abusadas por sus madres, sino que se transformó radicalmente. Fue a partir de un libro escrito según su propia experiencia por una periodista feminista y divorciada, Colette Dowling, en 1981, cuando el tema dio un cambio en su punto de vista.

En lugar de centrar la atención en los sentimientos de abandono de la niña-víctima y, en el proceso de maltrato que sufre, se fijó en la parte final: la niña-mujer buscará un príncipe que la redima del castigo diario que la madre-madrastra inflige a su víctima propiciatoria y esta búsqueda será el fin de los deseos de independencia y autonomía de la mujer para el resto de su vida.

Aunque Bettelheim presenta a Cenicienta como un cuento donde se desgrana la rivalidad fraterna, los hechos que se narran son prototípicos de los de las víctimas que nos ocupan. Posiblemente el autor nunca halló a una verdadera víctima, o no se planteó que lo fuera en su consulta psiquiátrica y esto desvió su análisis hacia los fenómenos edípicos y mecanismos intrapsíquicos profundos. Es posible que Bruno Bettelheim no estuviera preparado aún para ver maldad consciente (la inconsciente, sí, como ya hemos comentado sobre sus teorías sobre el autismo) en los comportamientos maternos, y fuera de puntillas sobre el cuestionamiento de las funciones que ejercen las madres narcisistas.

Cenicienta es una víctima típica de una pareja narcisista en la que la madre/madrastra, relega a la niña a un papel diferente al de sus hermanos, fomentando desigualdad entre ellos, y mostrando desapego hacia sus necesidades afectivas (cuando no parasitando sus habilidades y buen hacer). La niña de la madre narcisista es bondadosa, como lo era Cenicienta, pero ha hecho algo malo que no sabe qué es (Bettelheim afirma que su maldad es albergar deseos edípicos hacia el padre), por lo que el cumplimiento cuidadoso de sus tareas y el deseo de ser amada por su madre nunca son suficientes para recibir su merecida recompensa. Este es el núcleo del problema de Cenicienta como hija, que es, de una madre-madrastra narcisista: nunca es suficiente para obtener su amor de madre.

Los paralelismos que existen en Cenicienta y las vidas de las hijas de madres narcisistas son muchos:

a) Cenicienta es degradada sin una razón aparente.

Ella es bondadosa y obediente. En ningún momento se argumenta por qué es relegada a las cocinas y a hacer trabajos domésticos. No se debe a los celos de la madre/madrastra sobre su belleza, como en el caso de Blancanieves. Sin embargo hay una razón oculta: es hija de su padre. Muchas víctimas de madres narcisistas son "elegidas" por la madre como tales por ser "el ojito derecho" de su padre. En el caso de Cenicienta, esta es la única razón que puede considerarse como tal para merecer la elección como víctima.

b) Cenicienta no se rebela, acepta su triste condición sin poner inconvenientes.

Las víctimas de madres narcisistas no refieren haberse quejado a otros familiares por los desprecios recibidos. Cuando estos han notado las deficiencias de cuidado de las madres de estas niñas, han intentado paliarlas de una u otra manera, pero no se ha explicitado ni verbalizado.

"Cuando mi madre hacía vestidos para mi hermana y para mí, ella elegía el color, aunque era la menor. Yo siempre me quedaba con lo sobrante. Y si no había más que para una, era para ella. Mi tía se daba cuenta y me hacía otro vestido. Para mí sigue siendo mi verdadera madre, y su marido, mi padre".

c) Cenicienta no espera ayuda de su padre.

Lo único que hace es solicitarle una ramita de avellano, que va a plantar en la tumba de su **madre** verdadera. Las niñas de madres narcisistas rara vez solicitan el auxilio de su padre. Intuyen que, o bien no es eficaz, o bien puede resultar contraproducente. No es extraño que hayan presenciado disputas en las cuales la madre ha reaccionado violentamente contra el padre, o contra los hijos, o contra ambos; incluso han experimentado la violencia del padre a instancias de la madre. ¿Cómo confiar la salvación en quien es dominado por la madre narcisista? Sería como poner a la zorra a guardar las gallinas.

d) Cenicienta recurre a la petición de ayuda solamente en el momento límite.

Pide ayuda al avellano (el hada madrina, la madre buena) cuando quiere ir al baile, y la magia le otorga un vestido de oro y plata. Las niñas de madres narcisistas recurren a otras personas, incluida su madre, solamente cuando se sienten en graves necesidades. En el siguiente apartado hablaremos del Hada Madrina y su importante función en la vida de las víctimas. Ellas se las apañan como pueden psicológica y económicamente; y se privan de todo lo que pueden con tal de no recurrir a quien pueda decirles "no" y degradarlas más aún.

El temor a sufrir más degradación a veces no es bien gestionado y las víctimas de madres narcisistas se ven agredidas también por sus parejas o por sus jefes. Es como si el estar habituado a ser degradado por la madre impidiera que se dispararan las alertas de peligro de sufrir otra degradación. En el capítulo 5 ahondaremos sobre el abuso crónico de las víctimas.

e) La madrastra de Cenicienta le da órdenes contradictorias o confusas.

La madrastra le dice que puede ir al baile, pero no podrá ir por no tener vestidos apropiados; o que podría ir, pero que no lo hará porque no ha terminado las tareas imposibles que ella misma le ordena (limpiar lentejas arrojadas a las cenizas). Las hijas de madres narcisistas se ven en esa tesitura continuamente.

f) Las hermanastras se posicionan a favor de la madrastra, y en contra de Cenicienta.

El que las madres hagan alianzas con los demás hijos, sobre todo varones, en contra de la Cenicienta es un hecho muy frecuente. Toda reina necesita una corte, y ella la tiene en sus hijos. Y su corte le debe lealtad en todos y cada uno de sus designios. Esta conducta, alentada desde la infancia, permanece durante toda la vida.

El Hada Madrina

Hay una figura muy importante en la vida de algunas víctimas, que representa a la "madre buena". Generalmente es una abuela o una tía y, con menor frecuencia, una hermana mayor, o alguien ajeno a la familia (vecina o amiga de la familia). En ella la víctima encuentra el afecto que no obtiene de su madre. Esta figura enjuga sus lágrimas y le da aliento para vivir. No todas las víctimas tienen la suerte de tener a su lado a un Hada Madrina, pero las que la tienen, pueden obtener el modelo apropiado para ser una mujer generosa y gratificante.

Jimena enseguida informó sobre su 'Hada Madrina' en el grupo. En la primera sesión señaló que era su abuelo materno el que la había protegido durante su infancia (la madre entregó a Jimena a su padre al poco tiempo de nacer), incluso de su madre: cuando ella quería pegarle por cualquier transgresión insignificante. "Él me dijo que quería vivir hasta que yo cumpliera los die-

ciocho años, para protegerme, porque sabía que al morir él, mi vida iba a ser muy penosa. Y acertó".

El Hada cumple una función maternal, igual que el Hada Madrina de los cuentos. Suele tener siempre buen humor, ser cariñosa y agradable, estar dispuesta a ayudar, y contagiar todas esas emociones a su protegida. En ocasiones, como en *La Cenicienta*, le hace o le compra ropa.

El hada madrina de Lola es su tía. Como vivía en el domicilio de los abuelos, Lola la veía casi a diario. Era ella quien la defendía de su madre y le hacía ropas, ya que su madre solo vestía bien a su hermana. Aún vive, anciana ya. "Nada más verla, soy feliz" —dice Lola.

Cuando esta persona especial y gratificante desaparece de su vida, lloran y se desesperan en un duelo prolongado. Ya no tienen quién las consuele y las defienda de los ataques de su madre biológica. A pesar de la ausencia, les siguen dando un devoto cariño toda la vida. No obstante, a pesar de ello, la verdadera madre no es sustituida completamente en su corazón. A fin de cuentas, una madre no tiene sustitución posible.

El vestido de novia

Al igual que Cenicienta lleva al baile un vestido espectacular, las niñas sueñan con lucir uno similar el día de su boda. Ese vestido representa el esplendor que una mujer puede tener, si se lo propone, en todas las culturas humanas.

Las hijas de madres narcisistas suelen casarse temprano para escapar de un hogar donde son infelices. Este hecho no es exclusivo de ellas, puesto que muchas mujeres que crecen en familias patológicas ven en el emparejamiento una forma de librarse de las cadenas que las unen a ellas (familias de alcohólicos, por ejemplo). Sin embargo, la elección del vestido de novia es, con frecuencia, un suceso que marca la vida de la hija de una madre narcisista.

Tradicionalmente, comprar el vestido de novia —hay varias series en televisión dedicadas a ello—, es un momento muy importante en la vida de las chicas que van a casarse. Las adolescentes miran revistas y eligen un vestido de entre las fotos, lo enseñan a sus amigas, imaginan cómo podrían lucirse más el día de su boda. Ellas quieren que sea especial, que vaya con su estilo, con sus sueños y que conjunte bien con el resto de complementos que van a elegir. Cuando van a casarse, suelen ir acompañadas de su madre, hermanas, y raramente, su suegra. En la elección del vestido, las acompañantes opinan, pero ella es la que decide qué va a ponerse, con cuál de los modelos que se prueba se siente más cómoda y más identificada. Con frecuencia, cuando les pregunto a mis pacientes por quién eligió el vestido de novia, la respuesta es "mi madre, naturalmente". Una paciente añadió "Era el segundo que me probé. Lo eligió ella. Era horroroso. Y yo era la que lo pagaba…".

Berta trabajaba como auxiliar de vuelo y llevaba años ahorrando para comprar su vestido de boda. Pidió a su compañía aérea un permiso para ir a su tierra a comprarlo. Era mejor hacerlo allí porque iba a casarse en su pueblo natal y no quería andar con paquetes de última hora. Si lo compraba con su madre, esta lo guardaría en casa hasta la boda. Fueron las dos a una tienda de renombre. Berta se probó cuatro vestidos y cuando iba a probarse el quinto, su madre la detuvo. "Este es el que te vas a poner". Berta miró el vestido. No le gustaba, pero no se atrevió a contradecir a su madre. Fue a la boda muy incómoda y deseaba el momento de quitarse aquel adefesio. La madre guardó el vestido y no se lo dejó volver a ver. Varias veces, Berta le ha pedido el vestido a su madre sin resultado. Lo ha buscado en vano por los armarios de casa de su madre. Ella lo pagó y quiere el vestido para quemarlo. "Mi madre debe olérselo y lo tiene bien escondido".

El vestido elegido no es el que ellas habrían deseado. No era de su gusto, no se sentían bien con él. Sin embargo, aceptaron llevarlo el día más importante de su vida "porque tenían que agradar a mamá". Huían de su casa por no soportar los continuos desprecios y, sin embargo, no dudaban en aceptar llevar el traje equivocado. El vestido de novia representa más que un simple atuendo, es el YO (con mayúsculas) lo que se pone de manifiesto cuando una mujer se lo pone. Y la chica que lleva el vestido de mamá no es la verdadera, sino la que mamá quiere que sea: simple, lacia, sosa, fea. Toda la vida recordará que esa que se casó no era ella y, si lo era, no lo era "del todo".

La madre suele hacer que la boda en sí sea un recordatorio de que la que manda es ella. Como preparar el acontecimiento suele implicar mucho trabajo y dedicación, dejará que la hija haga toda la planificación, pero pondrá pegas para todo tipo de detalles. Le echará en cara que no ha elegido bien el restaurante, o el menú, o que no ha dispuesto correctamente a los invitados en sus mesas. Hará desprecios de las pequeñeces para indicar que ella lo habría hecho mejor. Y cuando todo ha acabado, podrá volver a adueñarse de su hija, señalando que no por casarse va a librarse de la cadena que la une a ella:

La madre de Sara fue a las tres de la madrugada (de la noche de bodas de su hija) al nido matrimonial a enseñarles el piso a unos parientes que habían acudido a la boda desde una provincia lejana. A la mañana siguiente de la boda, fue a la habitación del hotel donde los novios habían pasado su luna de miel e hizo que los recién casados los llevaran (a ella y a su marido, padre de Sara) de vuelta a su pueblo, a 100 km. de donde se había celebrado la boda.

Los paralelismos de las víctimas con los personajes infantiles han sido mostrados aquí para familiarizarnos con personajes prototípicos que posteriormente servirán de guías para establecer un plan de tratamiento exitoso. Los iconos de los cuentos toman forma y propician la identificación que necesitarán las víctimas para buscar, en su historia personal, dónde dejaron a las princesas que hay en ellas para rescatarlas y resucitarlas posteriormente. Pero antes de hacerlo necesitarán aprender algo más sobre su historia: cómo empezó todo.

Capítulo 4

LA PAREJA DE LA MUJER NARCISISTA

La vida le había enseñado que la cosa no era tan fácil,
que son pocos los que pasándose de listos
logran realizar sus deseos a costa de lo que sea,
y que obtener el derecho de determinar su propia vida
le iba a costar más trabajo del que se imaginaba.

Laura Esquivel
Como agua para chocolate

Mucho se ha escrito sobre el maltrato en la pareja, sobre todo cuando es del varón hacia la mujer, y poco cuando es de ella hacia él. Sin embargo, la perspectiva del narcisismo ofrece una visión complementaria al ya conocido maltrato "de género".

Sabemos ya que el narcisista coloca a los demás bajo su poder para encumbrarse por encima de la otra persona o personas. Quienes no brillan por sí mismas pretenden hacerlo empañando el prestigio de los que las rodean. A esta estrategia se suele superponer la dominación. Hay muchas maneras de ejercerla: imponiendo condiciones, mostrando desagrado, exigiendo actuaciones concretas, o practicando el chantaje emocional en sus múltiples facetas (quejas, enfermedades ficticias, amenazas suicidas…).

¿Y qué obtiene una madre narcisista de estos esfuerzos? El resultado buscado es doblegar la voluntad del otro. La probabilidad de lograrlo es enorme porque ningún miembro de la familia quiere ver sufrir a la madre. En el caso de la pareja, la "erótica del poder" se sitúa a escala doméstica, y las mujeres narcisistas no son ajenas a ejercerla. Ella marca los tiempos y las pautas de comportamiento. De la dominación extrae un placer exquisito.

Pero, ¿dónde está el principio de toda familia narcisista? En la elección de pareja por parte de la mujer que luego se convertirá en el eje de la familia.

Muchas víctimas se preguntan por qué sus padres no las salvaron durante su infancia, cuando podrían haberlo hecho. No comprenden como ellos, que eran hombres adultos, que eran los maridos de sus madres —¡que eran sus queridos papás!— no lo hicieran. Los culpan de aliarse con sus madres y ser a veces su brazo ejecutor. Pero están equivocadas. Las primeras víctimas de sus madres fueron ellos.

La elección de la pareja de una mujer narcisista

Cuando una mujer narcisista elige a su compañero de vida, si no se cruza una necesidad de huir de su hogar (es común en la clínica encontrar mujeres que hacen matrimonios prematuros e inconscientes para poder escapar de un hogar hostil o peligroso, donde el maltrato o la pobreza son habituales), lo hace generalmente en base a estos criterios:

- Él es guapo y/o inteligente.
- Es rico (o más rico que ella, al menos).
- Ocupa una posición social superior a la de ella.
- Es bueno y manejable.

Básicamente, elige uno de estos dos tipos de marido:

— Un hombre bondadoso y dependiente, o bien

— Un hombre narcisista.

Veamos qué ocurre en cada uno de estos supuestos:

Hombre bondadoso/dependiente.

El marido bondadoso de la mujer narcisista es la primera víctima de la familia porque lo es antes de formarse la propia familia. La mujer narcisista percibe que él es un hombre bueno, noble, servicial, con detalles hacia su propia madre, y al resto de la familia. Le gusta hacer favores a los amigos y vecinos. Y la adora… Esta relación puede funcionar como "una pareja feliz" durante un tiempo. En teoría es ideal, pero la vida nos muestra a veces una cara amarga. Cuando surge el primer conflicto, la relación se pone de manifiesto en su crudeza: la narcisista sacará su poder y si él no la obedece, lo expulsará de su lado. Si quiere seguir con ella, debe aceptar ("tragar") todo lo que ella quiera o le ordene, y hacer caso de sus opiniones y criterios como los únicos válidos. Si el asunto del que se trata es poco importante, al varón dependiente no le importará ceder, y puede pasar años haciéndolo por sistema, pensando que no merece la pena enfadarse por tan poca cosa. No obstante, si el problema que se plantea entre ambos es serio, el varón está en una encrucijada peligrosa:

Francisco es un buen hombre. Antes de separarse de su mujer estuvo durmiendo en un sillón de su casa durante un año, con una manta. Antes de conocerla tuvo otra novia, con la que rompió pocas semanas antes de la boda. Fue su propia madre la que dio la voz de alarma cuando, en la ducha, vio las señales de los golpes que le había dado. No era la primera vez que le pegaba, pero nunca dijo nada a nadie. Los cardenales que tenía en el torso se los hizo ella, pegándole con un paraguas porque él le escondió su regalo del Día de San Valentín y le hizo creer que no le había comprado nada.

Entre las historias de las parejas de mujeres narcisistas se suele repetir la misma historia: al poco tiempo de la boda, o cuando nace el primer hijo, la mujer lo intentará CASTRAR (simbólicamente hablando). El día de la castración es perfectamente recordado por el marido. En ese día, por una cuestión banal generalmente, la discusión es tremenda. Ella amenaza con irse a casa de sus padres, y con llevarse al bebé y no volver más. Lo pone a prueba: si él cede, ella gana la partida, y lo repetirá durante toda su vida. Si no cede, será expulsado del Paraíso, ella ganará su independencia (esto es lo que menos le gusta porque se quedará sola, pero es preferible a que sea él quien venza en la contienda del poder). Si cede, será "castrado" y dejará de ser "el marido" para ser un "eunuco".

A partir de ese día, las maniobras de control coinciden con las descritas por Taberniers (2001)[1] para definir el maltrato psicológico en la pareja (ver tabla 3).

Una vez "castrado", la relación ya nunca será como antes. El marido actuará como si tal cosa, pero habrá perdido su libertad. Dejando escapar la posibilidad de rebelarse contra la tiranía de la esposa, será para siempre un esclavo de sus deseos. Estará perdido. Se pueden presentar varias oportunidades a lo largo de la vida de una pareja "dependiente-narcisista" de no ceder, pero si la primera vez es castrado, en cada envite estará más debilitado para oponerse a la voluntad de su esposa y perderá batalla tras batalla, convirtiéndose en un hábito en las relaciones de pareja.

Indicadores o manifestaciones de maltrato psicológico

FACTORES	SUBFACTORES
1. DESVALORIZACIÓN	1. Ridiculización 2. Descalificaciones 3. Trivializaciones 4. Oposiciones 5. Desprecio
2. HOSTILIDAD	1. Reproches 2. Insultos 3. Amenazas
3. INDIFERENCIA	1. Falta de empatía y de apoyo 2. Monopolización
4. INTIMIDACIÓN	1. Juzgar, criticar, corregir, etc. 2. Posturas y gestos amenazantes 3. Conductas destructivas
5. IMPOSICIÓN DE CON-DUCTAS	1. Bloqueo social 2. Órdenes 3. Desviaciones 4. Insistencia abusiva 5. Invasiones en la privacidad 6. Sabotajes
6. CULPABILIZACIÓN	1. Acusaciones 2. *Gaslighting* (luz de gas) 3. Negación / desmentida
7. BONDAD APARENTE	1. Manipulación de la realidad

Tabla 3: Indicadores de Maltrato Psicológico (IMPs) según Taverniers (2001)

Cuando la maltratadora es ella, además de esta degradación, se añade que se le reprende por no "mandar" en su casa, algo de lo que ella se encarga a diario de no permitirle hacer: no eres un verdadero hombre, quiere decir. El marido "bueno" de la mujer narcisista no es feliz en su matrimonio y se ve frustrado en sus intentos por lograr cierto control de su vida, al mismo tiempo que es reprendido por no hacerlo.

Esta diferencia, lo que podría denominarse una "doble humillación contradictoria", es esencial para comprender lo que distingue el maltrato de género del maltrato que la mujer narcisista ejerce hacia el varón. Ya hemos mencionado que la mujer narcisista es sumamente machista. Para su desgracia, se ve acompañada de un hombre que no se ajusta a los esquemas que ella tiene de lo que tiene que ser un varón verdadero. Otras mujeres estarían plenamente satisfechas con ese hombre bueno que ella desprecia por esa misma bondad. Podría aplicarse el refrán "en el pecado, lleva la penitencia", pero su manera de hacer penitencia no es sino atacar a su pareja y echarle en cara lo que NO es.

Los papás de las hijas-víctimas se mimetizan con la madre, ejecutan sus actos, absorben sus preferencias, sus gustos, y obedecen sus designios.

Un hombre narcisista

En su búsqueda de esplendor y riqueza, buscará un hombre que tenga un buen aspecto físico y "el porvenir resuelto", o una mejor posición social que ella. Si la mujer proviene de una familia con escasos recursos económicos, buscará un hombre que tenga dinero (el dinero es la materia prima de lo que se alimenta todo narcisista), y cuando se case, ese dinero caerá bajo el control de ella. Si no es rico, será guapo o inteligente u ocupará un estatus importante, de manera que llamará la atención de otras personas y ella podrá presumir de haber conseguido un matrimonio ventajoso. Si no es guapo, rico, o tiene propiedades, o dinero del que ella pueda presumir y lucrarse, no le interesa

Lo que no es extraño entre los hombres guapos, ricos y con posición social ventajosa es que suelen mostrar un alto grado de narcisismo. Y si el varón elegido no es bondadoso, sino que la elección se basa en criterios estéticos o económicos, es posible que ella encuentre a un narcisista que puede acabar maltratándola.

Es en *Lo que el viento se llevó* (Mitchel, 1936; Fleming, 1939) donde se pone de manifiesto lo que ocurre en una pareja con sus dos miembros narcisistas. Scarlett no mantiene relaciones sexuales con Rett, su marido, por decisión propia, y pasa la mitad de la película despreciándolo y humillándolo. En un momento cercano al final de la historia, Rett y ella discuten fuertemente, entonces él la toma por la fuerza y la viola. Lejos de parecer apenada, al día siguiente, Scarlett amanece feliz y contenta porque ha "reconquistado" a su marido. Esta famosísima pareja de ficción, con reglas sadomasoquistas, acabó finalmente de manera rotunda y reafirmó la frase preferida de Scarlett: "*Realmente, ¡mañana será otro día!*".

No es extraño que el varón narcisista cruce la línea del narcisismo hacia la psicopatía y ejerza violencia física. Ya hemos mencionado que el narcisismo está en la base de muchos comportamientos delictivos, porque el núcleo de la personalidad psicopática (y también de la maquiavélica) es básicamente el narcisismo. El hombre-maltratador, el que describen los manuales de violencia de género, aísla a su víctima y la degrada considerándola una inútil; le repite que es incapaz de vivir sin él porque no sabe hacer nada sola. En este caso, el maltrato es insultante, básico y primitivo. La personalidad de estos maltratadores se encuadra en lo que se ha denominado TRIOPE (Tríada Oscura de la Personalidad; traducción de *Dark Triad of Personality)*, integrada por el maquiavelismo, el narcisismo y la psicopatía. Se trata de las tres personalidades socialmente aversivas citadas por Kowalski (2001)[2] y que mayor atención empírica han recibido. Son denominadas como la "tríada oscura" *"porque los sujetos con estos rasgos comparten una tendencia a ser insensibles, egoístas y maliciosos en sus relaciones interpersonales"* (Jones y Paulhus, 2009, p. 100). Por eso, si el varón elegido es también un narcisista, la pareja no durará mucho. Estas personalidades tóxicas se asocian a parejas infelices (Pozueco y Moreno, 2013). Dos narcisistas no pueden subsistir bajo el mismo techo si uno no se doblega. En un primer momento, ella tolerará que el marido narcisista presuma de sus atributos personales y posesiones, pero pronto chocará con sus intereses y los conflictos se incrementarán con el tiempo hasta que suceda una de estas dos cosas: que se respeten los dos campos de juego, o que se rompa definitivamente la pareja "por incompatibilidad de caracteres"; es decir, porque no se soportan.

Cuando se da esta situación, la esposa lleva las de ganar porque se considerará víctima y así lo proclamará, consiguiendo el permiso social y el estatus de "mujer maltratada". Nadie dudará de que esto es así, e incluso los hijos lo considerarán, sin cuestionarse el origen del maltrato, o la posibilidad de que ella también haya maltratado a su padre.

Felisa, cuando era niña, había presenciado las peleas de sus padres y, a veces, había mediado para que de-

jaran de pelearse, agarrándose a las faldas de su madre. Cuando fue adulta y se casó, comenzó a ver las relaciones de sus padres de otra manera: observaba cómo su madre humillaba a su padre por cualquier insignificancia y, al enfermar este, lo cuidó hasta su muerte: "Creo que el malo no era él" —dijo en el grupo.

Si los miembros de una pareja narcisista siguen juntos a lo largo del tiempo, será una pareja muy difícil de mantener estabilizada y, o bien entran en una dinámica destructiva, o bien entran en una dinámica adictiva. Existen casos mixtos en los cuales un hombre inicialmente bueno y noble comienza a comportarse como maltratador por su adicción al alcohol o, con menor frecuencia, a otras sustancias.

Jimena reveló que su padre había muerto en la indigencia porque su madre lo expulsó de su casa por su adicción al alcohol. Apenas lo recordaba, pero en su memoria estaba el recuerdo de que su madre había sido golpeada por él cuando volvía a casa borracho. Al morir la madre, la familia paterna, de la cual también había sido separada, le relató "la otra verdad" sobre su padre, la de un hombre trabajador, cariñoso y generoso, que le regaló una joya a su mujer por cada una de las hijas que ella había dado a luz; pero débil, y amargado por una esposa extraordinariamente egoísta y exigente. Pero ya es tarde para descubrir quién era realmente.

No es extraño encontrar padres alcohólicos en las familias de mis pacientes (como en la película Agosto (2013), ya mencionada, basada en la obra de teatro de Letts, 2008), igual que padres separados, o tan alejados el uno del otro, que hay que explicarse por qué siguen bajo el mismo techo si no se soportan.

Lo más frecuente, sin embargo, es encontrar parejas estables en las que el marido fue elegido por ser maleable y permitirle a ella que tomara todas las decisiones de la familia y llevara el rumbo del hogar hasta en los más mínimos detalles.

La familia narcisista: padres e hijos

A veces el narcisismo invade los deseos de maternidad de la mujer y se resiste a la procreación. El hecho de tener un hijo representa un cambio del tipo de vida para una pareja, sobre todo si no tienen ayuda externa, algo frecuente en la vida urbana actual, alejada cada vez más de las relaciones cercanas del ambiente rural. El coste que representa la maternidad puede no ser asumido con agrado por la madre narcisista.

Carlos, hijo único, ha oído desde pequeño a su madre decir: "Yo tuve a ESTE para demostrar que podía tener hijos".

No es posible determinar cuántas de las mujeres narcisistas deciden no ser madres, pero cuando se ha tratado anteriormente el extremado machismo de las mujeres narcisistas, hemos obviado una cuestión muy importante: la mujer narcisista necesita no estar sola del todo, y quiere una pareja y una corte propia: una familia. Es con el nacimiento de los hijos cuando la familia narcisista entra en uno de estos dos tipos: un sistema solar en el que la madre está en el centro, y los demás miembros son planetas que giran alrededor de ella, incluido el padre, o bien un sistema solar de dos soles (ambos padres son narcisistas). En el primer caso, el padre obedecerá a la madre y expandirá su poder hacia los otros planetas, incrementando la radiación solar. Pero es un simple planeta que refleja la luz abrasadora de la madre-sol. Esto no será gratuito: se quemará las entrañas. Si no ejerce de sol, sus hijos verán que es un planeta como ellos. La madre lo despreciará, les hará creer a sus hijos que no vale para nada y no perderá la ocasión de ridiculizarlo, o ponerlo en evidencia con todas las estrategias que pueda emplear.

Hirigoyen (1999) se refiere a las parejas de los narcisistas (sin precisar si es hombre o mujer):

"El compañero conyugal del agresor, también sometido a su dominio, tan solo rara vez puede ayudar a sus hijos mediante una escucha de su sufrimiento que no justifique al agresor ni pretenda defenderlo. Los niños perciben muy tempranamente la comunicación perversa, pero como dependen de sus padres no pueden nombrarla, la situación se agrava cuando el progenitor que no agrede, queriendo protegerse a sí mismo, se aleja y deja que el niño encare solo el desprecio o la repulsa" (p. 40).

El daño que un padre pasivo y sometido a los deseos de una madre narcisista inflige a sus hijos viene descrito en una de las cuatro categorías que Gibson (2015) contempla para describir a los padres inmaduros (ver capítulo 2, cuando hablamos de la tipología de las madres según esta autora). Los padres "pasivos": *"son partidarios de intervenir lo menos posible y evitan por tanto enfrentarse a nada que pueda causarles malestar. En apariencia son menos dañinos que los otros tres tipos, pero su comportamiento tiene también sus particulares efectos negativos. Los padres pasivos se colocan automáticamente en segundo plano cuando tienen una pareja dominante, llegando incluso a permitir abusos y desprecios en su presencia mientras miran a otro lado. Su mecanismo de de-*

fensa es quitarles importancia a los problemas y consentir" (pp. 115-116).

En el segundo caso, si ambos son narcisistas, los dos soles se abrasarán mutuamente y los hijos girarán alrededor de ambos, sufriendo mayor dolor por quemaduras solares que si estuviera la madre-sol sola. Si tiene mucho dinero o una posición social muy elevada, no se dejará "castrar", pero ella no dejará de intentar retenerlo y "domarlo", y la pareja de los dos narcisistas se perpetuará en un sistema tóxico con ambiente enrarecido y dañino.

Margarita es hija de una pareja de narcisistas alcohólicos. Recuerda repetidamente una imagen de su infancia en la que creyó que iba a morir. La familia, sus padres y sus cuatro hermanos, iban a pasar un día de playa. Sus padres discutían en el coche mientras bajaban una cuesta. Los gritos eran tan fuertes que su hermana y ella empezaron a llorar. Entonces la madre exclamó: "acelera, sigue recto, y nos tiramos todos al mar". El padre aceleró, todos gritaban. Frenó en seco al borde de un precipicio.

Los divorcios de los padres también tienen repercusiones negativas en sus hijos.

Cuando el marido de una mujer narcisista también es un narcisista lo más probable es que desaparezca de la escena en cuanto pueda zafarse, el matrimonio acabe repentinamente y los niños crezcan sin un padre adecuado como referente. Este padre será un padre ausente, real o simbólicamente. Si él pide el divorcio, ella le echará la culpa cuando hable con los demás del asunto.

No será así si el marido es dependiente o "bueno". El marido bondadoso de una mujer narcisista sabe que si se separa de ella no tendrá posibilidad de ver a sus hijos. Aceptará dolorosamente perder su "miembro viril" a favor de su esposa. Por querer ser un buen padre, no se divorciará nunca. Eso sí, sus hijos lo considerarán un inútil y les dolerá que él no los defienda ante la madre. Ella, además, periódicamente le recordará cuál es su posición en la familia, humillándolo y amenazando con irse si él no vuelve a obedecer, como la primera vez que lo castró. Así, es posible que el hombre bueno se distancie de los hijos también, ya no solo porque ellos lo consideran un ser inútil, pasivo o incluso malvado, sino porque su madre dedicará gran parte de su tiempo en ordenarle que pegue a sus hijos por portarse mal, por mentirle, o por no hacer lo que ella ha dispuesto que sea. El padre obedecerá como un lacayo a su Majestad, como los naipes a la Reina de Corazones del cuento Alicia en el País de las Maravillas. Si él no cumple su voluntad, lo pagará muy caro; así es que prefiere una regañina a su prole a pasar semanas "castigado" por su mujer, quien no le hablará ni le dedicará la más mínima consideración. Como expresa la frase atribuida a William Shakespeare, *"El peor pecado hacia nuestros semejantes no es odiarlos, sino tratarlos con indiferencia; esto es la esencia de la humanidad"*[3]. Este comportamiento es un tipo de maltrato psicológico que se ha venido a denominar "Ley del Silencio", o "Ley del Hielo". En él, típicamente se emplea la retirada de atención como castigo negativo.

El impacto psicológico de la "Ley del Hielo" se ha estudiado en el paradigma experimental de Edward Tronick, psicólogo de la Universidad de Wisconsin, denominado "Still face" (que se podría traducir libremente como "poner la misma cara"). En este experimento, se estudia la conducta de un bebé de pocos meses cuando su madre deja de interactuar con él y pone la misma cara impasible. En un primer momento, el bebé hace todo un repertorio de conductas para atraer la atención materna, pero se derrumba y llora cuando ve que no lo consigue (Tronick, 2007). Este es el efecto de la "Ley del Hielo" cuando somos pequeños, pero el mismo impacto produce durante toda la vida. Junto con su colega, la Dra. Sue Johnson realizó un vídeo en el que se refleja un paralelismo de fases entre el experimento "stillface" de los bebés con su madre y una pareja que precisa terapia[4]. Tronick y Johnson exponen cómo durante una discusión de pareja, al igual que ocurre con la madre que retira la comunicación a su bebé, la persona que abandona la comunicación provoca que la otra haga todo lo posible para restaurarla, hasta que llega a desmoronarse ("fundirse" llaman Tronick y Johnson), en llanto. En personas que se aman esta reacción sirve de lazo para volver a comunicarse. No se visiona qué ocurre en parejas definitivamente rotas ni en madres crueles que no consuelen a su bebé.

A la esposa narcisista le da igual que el padre sepa, o no, por qué ella lo trata con desprecio hasta el punto de hacer como si no existiese. Realmente, lo que ella pretende es hacerle llegar un mensaje doble: *tú estás por debajo de mí y a mi merced.* Este comportamiento altamente dañino es empleado también con los hijos, pero cuando se emplea con la pareja se marca una distancia extraordinaria entre ambos miembros.

Cuando Cintia le comunicó a su padre que se quería divorciar, él le recomendó que no lo hiciera. Ella le contó episodios desagradables de la convivencia con su marido y le pidió ayuda para dejar de vivir con él. Y el padre le dijo: "¿Y yo? ¿No crees que no he tenido que aguantar de todo a tu madre, toda la vida?

Al final de la vida, el marido de la mujer narcisista, totalmente domado, no deja de tenerle miedo y sigue obedeciendo y temiendo a su esposa.

Damiana, una mujer de 40 años, dañada por una suegra narcisista, cuenta que su marido —el hijo de la mujer narcisista— y el resto de los hijos no llevaban a la esposa al hospital a visitar al enfermo (su suegro, hospitalizado por una grave dolencia) por un acuerdo entre ellos. El hombre, paralizado de cintura para abajo, lloraba temiendo volver a su casa. "No quiero ni pensar lo que puede gritarme por estar como estoy, si cuando estaba bien ya no dejaba de chillarme".

Antonia podía constatar cada vez que visitaba a sus padres ancianos que su madre no había encendido el brasero en la mesa camilla donde su padre se sentaba. "Él no tiene frío y, además se gasta mucha electricidad". El hombre no replicaba, pero cuando Antonia le tocaba las manos, las tenía heladas.

Lourdes recuerda que su madre no le prestaba atención a su padre ni cuando estuvo muy enfermo de lo que luego fue un cáncer de próstata. Pedía ir al médico ante el dolor tan intenso que sentía: ella no lo llevaba, alegando que se le había caído el puente de un colmillo y tenía un agujero que le afeaba la dentadura, y que su marido debía esperar a que ella fuera al dentista. Esa misma mujer preparó la maleta para llevar al hospital a su marido: unos calzoncillos para él y el resto del equipaje, ropa, productos de aseo, y zapatos para ella.

Es necesario mencionar, de nuevo, que la presencia de un hijo varón empeora la situación de pareja, además de la familiar. Como el hombre que ella ha elegido dista mucho de ser su pareja ideal, porque nadie hay tan perfecto como ella, hace una "identificación proyectiva" de sí misma en su hijo varón. Cuando se comprueba que una madre se alía con su hijo varón en lugar de con su marido, o de unirse a otro hombre, se puede asumir que simbólicamente el hijo varón es el sustituto del padre castrado. Es suyo, es una prolongación de su cuerpo y de su alma. Es ÉL y es ELLA a la vez, porque ha nacido de sus entrañas. El amor narcisista se cierra entonces completamente. El padre es expulsado de la vida de la mujer narcisista por ser innecesario, o incluso un estorbo.

En la mencionada obra de Tennessee Williams De repente el último verano (1959), se exhibe perfectamente este tipo de relación perversa en el desprecio de la narcisista Violet Venables por su marido moribundo, que la reclama cuando ella ha ido a "rescatar" a su hijo Sebastian —quien había tomado los hábitos como monje en un monasterio budista—, y ella no acude, dejando que muriera solo y abandonado a miles de kilómetros.

Capítulo 5

VICTIMAS DE ABUSO CRÓNICO

Nadie puede hacerte sentir inferior sin tu consentimiento.

Eleanor Roosevelt

Para algunas víctimas de madres narcisistas, la pesadilla no acaba en su madre, sino que continúa con el resto de su familia, su pareja o con sus hijos; esto se debe en parte, como se ha descrito ampliamente en el primer capítulo, a que la sociedad es básicamente narcisista y, en parte, a que las víctimas han podido aprender en casa a tolerar el maltrato.

Según se ha expuesto en el apartado *El vestido de novia* (p. 119), las hijas de madres narcisistas suelen hacer matrimonios tempranos para escapar de un hogar donde son infelices. Muchas de ellas encuentran un hombre bueno y cariñoso, pero otras caen en las redes del maltrato, llegando a tolerar relaciones gravemente abusivas. Tampoco es extraño encontrar un conflicto entre hermanos, soportando la víctima el abuso de otro hermano narcisista, aliado con la madre, que intenta controlar la vida de la hermana, o apropiarse de sus bienes o su herencia. Algunas de las víctimas de madres narcisistas también ven cómo sus hijos ejercen una tiranía constante hacia ellas. Pasaremos a describir estas tres situaciones, añadiendo una situación más, la del abuso sexual.

Hijos abusadores

Cuando hablamos de maltrato hacia los padres, visualizamos a hijos que se comportan de manera violenta golpeando a sus familiares, o rompiendo objetos domésticos, muebles, puertas o cristales. Los padres viven con miedo a los *raptus* de sus hijos y gastan mucha energía mental intentando ponerse a salvo de su ira. Son los chicos que aparecían en el programa *Hermano Mayor,* y el diagnóstico de la mayoría de ellos es fácil de hacer puesto que todos podrían ser denunciados por maltrato doméstico: Trastorno Disocial de la Personalidad. Los padres son conscientes del problema, pero no se atreven a denunciar a sus propios hijos. Su sufrimiento está delimitado por la violencia de sus hijos, a los que ven como un peligro real para su integridad física y, por supuesto, psíquica. Algunos colocan pestillos en sus dormitorios matrimoniales para tener un remanso de paz en su propia casa. Esta barrera, no obstante, es saltada fácilmente por los hijos violentos, ya que son capaces de golpear la puerta en plena noche hasta que se les abre. Una paciente me relató en una consulta que su hijo le pidió dinero estando ella acostada, y cuando se lo negó repetidas veces le prendió fuego a la ropa de la cama donde ella intentaba dormir.

El comportamiento narcisista no psicopático —o disocial— de un hijo puede ser más sutil, menos delictivo, pero igualmente pernicioso para los padres. Una madre cuyo hijo manifestaba comportamientos de este tipo me dejó ver lo que escribió en un diario:

> *"Lo más doloroso de tratar con Eduardo era saber que yo lo había criado con todo mi amor y mi esmero hasta que fue adulto. Era un niño muy nervioso y creíamos que era hiperactivo, pero la medicación no le funcionó*

y se la retiramos. Además de cuidarlo como cualquier madre cuida a sus hijos, lo apoyé en todos los conflictos en los que se veía envuelto, desde los problemas con sus tareas escolares y los conflictos con los profesores de su escuela, hasta los líos legales, incluido un proceso por maltrato de pareja. Su estado de ánimo era variable y podía pasar de un fin de semana con los amigos con aparente diversión a sentir una tristeza existencial profunda, en la que se cuestionaba la necesidad de vivir en un mundo en el que no encajaba. Pero yo me iba desgastando al mismo ritmo en que lo cuidaba porque su trato hacia mí era despectivo. Había ocasiones en las que me buscaba para contarme sus planes y me pedía opinión o ayuda para cualquier tarea complicada que tuviera que hacer. Inmediatamente después me hablaba mal, o despreciaba mi trabajo, o mi manera de arreglar las cosas. Parecía no contar con que momentos antes lo había estado ayudando, o cocinando para él. Exigía un trato exquisito como no oír voces altas si estaba en casa o que le preparara una cena de su agrado, pero no era capaz de cumplir mis normas (como cerrar las puertas de su armario para que no entrara la polilla de la ropa u ordenar el caos en que tenía convertido su dormitorio).

Una vez, estando en el dentista para que le miraran la muela del juicio, se enfadó porque le dije a la dentista, una chica muy atractiva y joven, que tenía el Síndrome de Gilbert, que es benigno, pero él consideró que ella no debía saber tanto de su vida porque luego esas cosas se comentaban por ahí, y eso le iba a hacer parecer menos.

Siempre ponía inconvenientes o defectos a todo lo que hacía por él, pero si yo dejaba de hacerlo me lo echaba en cara; por lo que nunca sabía qué era correcto hacer: ¡Hiciera lo que hiciera, me pillaba la vaca!

A veces lo veía ocuparse de mí, haciéndome un café, o colaborando poniendo la mesa. Esto lo hacía sin que yo se lo ordenara, pero si se lo pedía, solía no hacerlo, alegando falta de tiempo, o tener otra tarea urgente pendiente.

Con las demás personas era simpático y agradable, pero cuando pasaba mucho tiempo con ellas se hartaban de él, y no tenía amigos verdaderamente. Pasar solo un sábado por la tarde por no tener con quién salir le sumía en una tristeza que acababa pagando conmigo, que tenía que consolarlo hasta altas horas de la madrugada, por cansada que estuviera".

Vivir con un hijo que alterna comportamientos "benignos" con otros exigentes y narcisistas puede romper el equilibrio psicológico de sus padres sin dejar rastro de ser un verdadero maltrato y, por lo general, no es claramente denunciable.

La mayoría de los hijos que "ponen a sus familiares contra las cuerdas" no son puramente narcisistas, sino que pertenecen a una categoría menos respaldada por ser menos clara y evidente, pero no menos perniciosa: el comportamiento pasivo-agresivo o "negativista". Este tipo de personas son profundamente infelices, al contrario que las personas narcisistas, que en su castillo de sueños de brillante fulgor de su personalidad viven estupendamente solas. Esta variante de narcisismo es desalentadora para los padres: los hijos viven literalmente en desorden. No los aguanta nadie: ni padres ni hermanos ni parejas ni amigos... por su actitud obstruccionista y retadora.

Las madres sometidas al maltrato de un hijo narcisista-negativista tardan en tomar conciencia del problema y se debaten entre su deber de cuidar y educar al hijo poniéndole límites que ellos se saltan a voluntad, y la necesidad de protegerse de un trato vejatorio frecuente.

> *Carmen acude a consulta; su aspecto ha cambiado: se ha cortado el pelo de manera desigual y se lo ha tintado de rojo. En las anteriores entrevistas su apariencia era de una pobre mujer apaleada por la vida. Separada, madre de dos hijos, tuvo que superar la muerte de su niño de dos años atropellado (mientras jugaba al cuidado de su abuela) por un coche que daba marcha atrás. Su hija de 12 años, cuando se enfada, se va a vivir con el padre, con quien Carmen apenas se habla. Cuando el enfado se enfría, la niña vuelve a casa de su madre. La relación es difícil. "Yo creo que mi hija no me quiere, pero tengo que volverme hippie porque si no me vuelvo hippie me tengo que morir, así es que me he cambiado el pelo para empezar".*

A veces hace falta que ocurra un suceso importante para que las víctimas cambien de actitud:

> *"El día que fue a mi trabajo para echarme en cara en medio del pasillo ante todos mis compañeros que no le había explicado cómo tenía que acudir a una cita médica a pesar de que le entregué la citación y le di todos los informes anteriores en una carpeta para que los llevara consigo a la consulta, me di cuenta de que había sobrepasado el límite y decidí actuar".*

Podría afirmarse que los hijos con este tipo de personalidad difícil poseen todos los rasgos de la personalidad narcisista, a los que se añaden los de la personalidad negativista[1], que siguiendo a Esbec y Echeburúa (2011) se muestran en la tala 4:

TP Narcisista	TP Negativista
Narcisismo	Negativismo
Manipulación	Hostilidad
Histrionismo	Culpa o vergüenza
Insensibilidad	

Tabla 4: Características de los trastornos Narcisista y Negativista Esbec y Echeburúa (2011)

Además de estas características, podría señalarse la CONTRADICCIÓN como un signo cardinal del trastorno negativista. Un paciente con trastorno negativista puede estar contaminado por sarna, ir a urgencias, conseguir una receta de loción de Permetrina al 5%, hacer que la madre lave su ropa (incluida la de su cama), y no ir a la farmacia a canjear la receta, o no ponerse la loción hasta dos días después, si acaso; el lavado de ropa que su madre le ha hecho resulta ineficaz, puesto que está de nuevo contaminada por el ácaro. Posteriormente, se quejará de ello, y criticará al médico que lo atendió en urgencias, a la madre por no lavar la ropa, y al farmacéutico por no venderle el producto adecuado.

Desde fuera, uno de los comportamientos de los negativistas que más confunden a sus familiares es que, tras protestar por cualquier minucia que para ellos parece ser importantísima (pero solo para ellos), y haber "montado el pollo" a base de críticas airadas, voces o sarcasmos, son capaces de aparecer al poco tiempo como si nada hubiera pasado, hablando con toda naturalidad a quienes habían ofendido un rato antes. Las madres no encuentran explicación a que la conducta y la comunicación con sus hijos sean tan inconstantes como sorpresivas.

Penélope llora cuando relata que sabe que su hija no la quiere, que la insulta, la culpa de todo lo malo que le pasa y le ha pasado en su vida, y que desprecia los regalos que le ha comprado para el bebé (que su hija ha tenido recientemente). Al mismo tiempo recuerda que tras dar a luz, su niñita la colmó de besos y reconocimiento como la mejor madre que se pudiera tener.

Con esta combinación de rasgos, se entiende que el Trastorno Negativista es una variante del trastorno narcisista al que le falta el sentimiento de felicidad asociado a ser "el ombligo del mundo". El paciente negativista lo cree también, pero esto no lo hace feliz porque se hace eco de lo que le falta: el amor de los demás y la certeza de que sus logros son inmejorables. El paciente narcisista, sin embargo, se cuenta a sí mismo lo mucho que los demás lo admiran —o deban admirarle en secreto—, a él y a su ingente potencial, y lo han admirado (o han debido admirarlo) durante toda su vida.

El trastorno negativista no parece ser algo aparte del trastorno narcisista cuando vemos sus efectos en el mundo real: siempre acaban solos. La insatisfacción crónica y la incapacidad para mantener una imagen externa suficientemente autocomplaciente es lo único que parece diferenciarlo.

Sea por una cosa o por otra, la víctima de madre narcisista se encuentra perdida doblemente cuando se enfrenta a hijos con trastornos narcisistas o negativistas. Es como ver una película dos veces, cambiando a los protagonistas.

Nieves se siente inútil en casa. Ha sobrevivido a una madre narcisista, se ha casado y tiene dos hijos. Ambos tienen problemas: el mayor ha sido condenado por la justicia por traficar con cannabis y la menor mantiene un comportamiento despótico con ella. Nieves es muy ordenada y limpia, mientras que su hija vive en el caos. Su ropa —grandes cantidades de ella— está por todo el dormitorio, nunca limpia, y se muestra respondona con su madre y con su hermano. Solo el padre parece poder hablar con la hija sin que le dé gritos. Nieves cree que el poco respeto con la que la trataban en su casa es el mismo con el que la tratan en su nuevo hogar. Dice en terapia: "Estoy tan cansada de que siempre me pase lo mismo que he pensado que, cuando se muera mi perrito, me podría ir yo con él".

Rosario no se encuentra bien. Sus hijos, a los que ha criado con todo el amor del mundo, aquel amor que ella jamás recibió, la tienen muy preocupada. Su hija mayor, a pesar de ser buena estudiante, no deja de echarle en cara todo lo que hace o dice. Su hijo, que ya es mayor de edad, no ha querido estudiar y no colabora trabajando cuando se le proporciona algún empleo temporal. Pasa el día jugando a la videoconsola. Rosario ha intentado suicidarse. No puede más.

La decepción que sufren las madres de este tipo de hijos, que son a su vez "hijas de madres narcisistas", es enorme. Ven que todos sus desvelos en ser buenas madres no encuentran el resultado que esperan. A veces no reconocen el parecido entre el comportamiento de sus madres y el de sus hijos, pero la mayoría sí lo hace, y aún sienten más culpabilidad porque se consideran transmisoras de un gen maligno que hace que sus hijos sientan hostilidad hacia ellas, en lugar de cariño y reconocimiento. No sabemos si el narcisismo es una personalidad heredable, pero si así fuera, no cambiaría nada: la angustia de una hija y madre de narcisistas es más difícil de superar que si solo se diera en uno de ellos.

Víctimas de parejas abusadoras/maltratadoras

En mis grupos he podido ver cómo las víctimas no siguen un patrón de elección de pareja uniforme, como sí hacen sus madres, según hemos visto en el apartado La elección de la pareja de una mujer narcisista (p. 124); sin embargo, la mayoría suele salir del hogar paterno tempranamente, huyendo de la excesiva carga que sus madres depositan en ellas, y del abuso económico; ya que frecuentemente sus madres les exigen el dinero de sus sueldos si trabajan fuera de casa. Tras su elección de pareja, algunas de ellas dan con compañeros amables y empáticos, a la vez que otras se enredan en relaciones malsanas que acaban en maltrato en su relación. En este segundo caso, la explicación más plausible es que la tolerancia al maltrato alcanza un umbral más alto en quienes ya han sido víctimas en su infancia. Gibson (2015), basándose en la teoría del apego de Bowlby (1979), señala que una persona acaba una y otra vez en relaciones frustrantes porque "las partes más primitivas del cerebro nos dicen que la seguridad reside en lo que nos es más familiar (…) No somos capaces en relaciones futuras a quienes tienen la capacidad de hacernos el mismo daño. Esa negativa nos hace repetir la misma situación una y otra vez, porque nunca la vemos venir" (p. 28).

Es posible que el sesgo ya esté presente en los inicios de la relación y ellas no capten las señales de que su elección es un error porque se encuentran atraídas por una pareja tóxica o peligrosa. La relación codependiente[2] se vuelve a instalar en sus vidas de una manera invasiva y les resulta muy difícil salir de ella por la misma razón por la que no pueden dejar de tener contacto con sus madres: se sienten sumamente culpables con solo pensarlo. No obstante, es de señalar que pueden dejar a sus parejas más fácilmente que a sus madres, con las que les unen lazos muy profundos, a pesar del reconocimiento del maltrato.

Al encontrar una doble víctima del narcisismo nos enfrentamos a alguien a quien la culpabilidad atenaza cruelmente. No podemos calmar su angustia vital negando la evidencia y no podemos estar seguras de que realmente ellas no hayan contribuido a que su pareja, o sus hijos la victimicen de nuevo. No es extraño que algo así haya ocurrido: quien ha sido dominado una vez no ve extraño que se le domine dos veces o más. Pero esto no es excusa para tolerar seguir en la misma posición: una vez que alguien se hace consciente de la doble victimización tiene la obligación de cambiarla.

Lina, en su primera entrevista revela: "He vuelto a casa huyendo de mi pareja, que me maltrataba psicológicamente, aunque reconozco que yo tengo mi genio y cuando él me pegaba, yo le daba también y por eso estuve tres días en un calabozo. ¿Puedes creer que mi madre no me pregunta cómo estoy, o si necesito algo cuando me ve llorar? Ella sólo quiere que le cuente detalles y detalles. ¡Pero no es mi amiga, es mi madre! Le dije que bebíamos mucha cerveza y que, cuando no teníamos dinero, él me hacía ir a la tienda a pedir fiadas las latas o las litronas; me echó una bronca. Y todo porque le importaba más lo que el tendero pensara de mí que el hecho de que él me maltratara".

Hermanas narcisistas

En otras ocasiones, son los propios hermanos de las víctimas los que muestran un comportamiento similar al de las madres. En el próximo capítulo se describirá cómo las madres tienen éxito en alcanzar su objetivo de ser el centro de atención de toda la familia. Ellas suelen asignar roles a sus miembros, y repartir premios y castigos. Sus conductas pueden servir de modelo para uno de sus hijos, o a varios.

Entre mis pacientes suele ocurrir que el hijo varón, el chico de oro, sea también narcisista, pero a veces es la hermana la que adopta el rol más parecido a la madre, y se comporta como ella. Tampoco son raras las alianzas madre-hermana contra la víctima.

Tamara discutía con su hermana en la terraza de casa de sus padres. De repente notó que su hermana se le echaba encima y la empujaba hacia la baranda. En un principio no reaccionó. Ya antes la había golpeado, pero no tuvo más remedio que defenderse cuando intentó tirarla al vacío, volcando sus hombros hacia la pendiente. Gritó y su madre apareció. ¿Qué hacéis? —preguntó—. Tamara dijo que su hermana había intentado matarla, arrojándola por la terraza. La madre no la creyó y la culpó de que seguramente habría sido ella quien había querido tirar a su hermana.

La rivalidad entre hermanas no solamente se da durante la vida en común de la familia narcisista, sino que perdura cuando la víctima sale del hogar familiar. Tampoco es extraño que la madre se confabule con su hija preferida para desheredar a la víctima, o que done bienes en vida, o distraiga parte de lo que le correspondería en joyas o dinero para dejarla en desventaja.

Abuso sexual

Por último, otro hallazgo traumático en las víctimas de narcisismo materno es el haber sido también abusadas sexualmente por parte de familiares. Cuando esto ha ocurrido, la madre, como es de esperar, no ha ofrecido a la hija el apoyo necesario para que ella afronte el trauma y la mayor parte de las veces no la cree, y hasta la acusaría de inventarlo por querer llamar la atención.

> *Gine, ya adulta, le preguntó a su madre que por qué no la había creído cuando ella le dijo que su tío la tocaba. La madre le respondió: "como no lo dijiste más que una vez…"*

En el caso de que el abuso sea por parte de un pariente más lejano, puede creerla con mayor probabilidad, pero la respuesta suele ser echarle la culpa del suceso: "tú sabrás lo que hiciste para que te hiciera eso". Forward (2014) dedica un apartado de su libro, al que denomina El progenitor silencioso: negación y acusaciones (p. 126-128), en el que cita las palabras tan corrosivas como ácidas cuando una madre semejante culpa a su hija-víctima:

- *El nunca haría algo así. Tú debes haberlo provocado.*
- *Tú podrías haberlo parado si hubieses querido.*
- *Debes haberlo disfrutado.*

- *Si no hubieras llevado esos pantalones tan cortos y ajustados, eso nunca habría pasado.*

Si deciden proteger a su hija, a menudo le ofrecen soluciones racionales, como si fueran empleadas de una compañía de seguros, en vez de sus madres: "pon un cerrojo en tu puerta", o "apártate de él".

El fenómeno de la no credibilidad de los niños víctimas de abuso por parte de sus familiares excede el propósito de este libro, pero valga remarcar que las víctimas de un abuso sexual, sea por parte de familiares o de extraños, cuando tienen una madre tóxica, ven agravado su problema al no encontrar reconocimiento, afecto y cuidado por parte de la persona que más se podría esperar que las defendieran en la vida: sus madres.

Entre los escritos que me entregó una paciente, que cometió suicidio tras años de sufrimiento por haber sido abusada sexualmente por su hermano en su infancia, sin que su madre cambiara la actitud hacia él —su hijito querido—, estaba este poema:

CERCA DE ELLA

Estar cerca de ella me produce desazón.
Sale todo lo malo que hay en mi interior.
Entonces sé que soy mala.
Sé que soy… nada.

La odio con intensidad,
la quiero lejos
o mejor… no la quiero.
Y este sentimiento me repulsa.

Pues ella tiene ese don,

el don de sacar lo peor de mí,
el don de llevarme al pasado,
el mismo que trato de olvidar.

Y tiene el don de tenerme pegada
de por vida.
y tiene ese don…
porque me dio la vida.

Capítulo 6

¿CÓMO LAS MADRES NARCISISTAS HACEN LO QUE HACEN?

Las estrategias del éxito narcisista

Indudablemente, tratándose de partir, desmantelar, desmembrar,

desolar, destetar, desjarretar, desbaratar, o desmadrar algo,

Mamá Elena era una maestra.

Laura Esquivel
Como agua para chocolate

Las víctimas de madres narcisistas, a pesar de que sufren los efectos de sus progenitoras, desconocen el proceso por el cual sufren dichos efectos.

Marie France Hirigoyen, en su libro "El acoso moral" (1998) ya apuntó:

"Es muy fácil manipular a los niños. Estos siempre saben excusar a quienes aman. Su tolerancia no tiene límites. Están dispuestos a perdonárselo todo a sus padres, a asumir su culpa, a comprenderlos y a intentar saber por qué su padre o su madre están disgustados. Para manipular a un niño se utiliza frecuentemente el recurso del chantaje emocional" (p. 40).

Cuando se les confronta con los hechos son capaces de reconocer todas y cada una de las estrategias que se van a describir a continuación.

Haciendo lo que hacen, crean sentimientos profundos de CULPABILIDAD en sus hijas. Se cree que el mundo se mueve por el amor y por el dinero. Yo añado que es la culpa lo que mueve la conducta de muchas personas (excepto los psicópatas, que carecen de ella).

Manuela es la única de sus cuatro hermanos que cuida a su madre. Viene haciéndolo desde hace años. Ha contratado a más de cuarenta mujeres/cuidadoras para atenderla, las mismas que su madre ha forzado a renunciar a trabajar con ella. Las insulta, les grita, les recrimina lo que hacen o lo que no hacen, y las maldice (la gente sencilla es muy sensible a las maldiciones). Cuando viene a consulta, Manuela se muestra totalmente consciente de que su madre es malvada y cruel, pero no puede sustraerse a volver a su lado y cuidarla los fines de semana, contratar a otra cuidadora, llenarle la nevera, llevarla al médico, o permanecer a su lado, callada, oyendo sus protestas. Nunca la ha oído hablar bien de nadie. Cuando vuelve a su casa, raro es el día que no lo hace llorando. Aunque le digo que su madre no puede amarla, ella confía en que, si se porta bien, le dedicará algo de amor en algún momento de su vida, pero sobre todo, lo que la hace no abandonar a su madre es que si no hace todas esas tareas, si no se ocupa de ella, se siente mucho peor.

La importancia de la culpa en las víctimas de narcisismo ha sido reconocida por la psicoterapeuta Marie-France Hirigoyen (1998), quien señala:

"Los niños notan muy claramente que no satisfacen los deseos de sus padres o, más sencillamente, que no han sido deseados. Se sienten culpables de decepcionarlos, de producirles vergüenza de no ser suficientemente buenos para ellos. Por ello piden excusas, pues quisieran reparar el narcisismo de sus padres. Lo hacen en vano" (p. 42).

Los sentimientos de las víctimas son dobles. Por una parte sienten vergüenza de sí mismos, pero por otra parte la sienten también de sus madres. Una de mis pacientes apuntó: "Me daba vergüenza que hiciera cosas inadecuadas, así es que la tapaba". Otra mujer señalaba lo avergonzada que se sentía de que su madre despidiera a todas las mujeres que ella contrataba para que la cuidaran; y cuando no tuvo más remedio que llevarla a una residencia de ancianos entró pidiendo disculpas por el hecho de que su madre llamara a las enfermeras con palabras malsonantes y las acusara de no atenderla como ella se merecía.

Las estrategias narcisistas

Los mecanismos de actuación por los cuales las madres narcisistas logran victimizar a sus hijas y consiguen su objetivo de dominarlas son fundamentalmente:

COSIFICACIÓN. Ven a sus hijas como objetos a utilizar. Una de mis pacientes del grupo refiere que desde chica ha oído a su madre decir sobre ella (la menor de varios hermanos todos mucho mayores): *"Esta es mi vejez"*. El hijo de una peluquera comentó que su madre les decía a sus clientas *"este es mi esclavo"*. El rol de cuidadora asignado a la hija hasta la muerte de la madre se plasma muy bien en la novela *Como agua para chocolate* de Laura Esquivel (1989) (y posteriormente, película estrenada en 1992). En ella, Tita, la protagonista, tiene una misión que cumplir, asignada por su madre desde su nacimiento: "*Tita nunca se casará. Por ser la más pequeña de mis hijas está destinada a cuidarme hasta que yo muera.*"[1]

Ya vimos un ejemplo cinematográfico de esta estrategia en la película *Now, voyager* (*La extraña pasajera*) de Bette Davis como protagonista. La madre disponía dónde debía dormir su hija cuarentona, como si se tratara de dónde poner las zapatillas al acostarse. La obligación de la hija es la de obedecer ciegamente los deseos de su madre.

CONTRADICCIÓN E INCONGRUENCIA. Los cambios de carácter también van apareados a cambios de opiniones. Los hijos no saben las "reglas del juego" porque cada vez rige una diferente. A esta estrategia se la ha llamado "*gaslighting*" (luz de gas) por los distintos autores que estudian el maltrato emocional (por ejemplo, Stern, 2019).

"*A veces es tu madre, y a veces no*".

"*Nunca me ha dicho que me quiere, pero me compraba ropa cara*".

"*Como te dice: eres guapa como tu madre, pero tienes el carácter como tu padre. ¡Ojalá te parecieras a mí en eso!, ya no te gusta ni tu físico, ni tu manera de ser*".

Las reglas cambiantes desconciertan a la hija. A veces son ilógicas, otras veces son demasiado rígidas, otras veces improvisadas, pero las madres las disfrazan de un carácter de habitualidad. ¿Qué función tienen esas incongruencias en la comunicación? Aunque se le ha atribuido una intencionalidad evidente para conseguir el control de la víctima, mi reflexión sobre este asunto es que las madres formulan reglas basadas en la inmediatez de la necesidad, sin preocuparse de nada más. Estas reglas son, pues, precisas en cuanto a que es necesario tomarlas en cuenta u obedecerlas, y al mismo tiempo imprecisas en cuanto a su contradicción con otras dadas previamente y a su improvisación. Y, aunque no es el objetivo de la madre el lograrlo, la hija queda a merced de la arbitrariedad de su madre con un sentimiento de confusión del que no podrá separarse, al menos hasta que ponga distancia por medio entre su madre y ella para encontrar sus propias normas.

Gibson (2015) afirma que sus capacidades cognitivas también son diferentes y no son capaces de pensar con la complejidad que requiere la realidad: son simplistas en sus análisis porque todo lo intelectualizan y polarizan, con interpretaciones literales de los hechos (no contemplan las emociones asociadas). Esto desconcierta a sus hijos, "unas veces ven a una persona inteligente y perspicaz, y otras a una persona torpe y obcecada con la que es imposible razonar" (p. 81).

MANIPULACIÓN DEL ENTORNO: De esta manera, la madre narcisista actúa ante el miembro "díscolo" de la familia. "Si te rebelas, se te echa la gente encima". Suelen indisponer al padre con los hijos, sobre todo con la hija preferida del padre; y a los hermanos unos contra otros, en un proceso claro de "triangulación". Favorecen que no haya unión entre sus hijos por el simple motivo de que donde hay desunión es más fácil dominar la situación y ejercer el poder.

En el caso de una paciente, la madre consiguió que su marido excluyera del testamento a su hija-víctima. De esta manera garantizaba no solamente hacer daño a su hija, sino la desunión entre ella y su única hermana.

Paloma recordó que ella y sus cuatro hermanos nunca comían juntos cuando venían del colegio. Aun-

que en su casa había una gran mesa de comedor, la madre les daba el almuerzo de uno en uno en una mesa pequeña, con prisas: "Come rápido, que viene tu hermano ya", les decía. Salvo en ocasiones muy puntuales, no se sentaban juntos a comer.

Se ha denominado "monos voladores" a las personas utilizadas por las personas narcisistas para mandar mensajes a las víctimas para controlar desde lejos su conducta. Como metáfora no describe la acción de estos enviados maliciosos. Yo prefiero pensar que son *abejas zumbadoras* que sirven a la *abeja reina*.

CULPABILIZACIÓN: Cualquier evento adverso o desagradable se convierte en arma culpabilizadora de la hija.

"Tú le has provocado el cáncer a tu padre".

"Papá y yo hemos discutido por culpa tuya".

Culpar a la hija de los problemas propios y familiares les hace asegurarse una deuda difícil o imposible de pagar. Así se consigue lo que yo he denominado "lealtad por crédito impagable". Además de hacer creer a una hija que es la causa de males de los que difícilmente puede serlo, añaden el deber de la gratitud y le inculcan que por ello debe permanecer fiel a la familia. Su obligación es obedecer por habérsele sido dada, sin merecerla, una gran cantidad de privilegios y cuidados.

INDUCIR IDEAS DESVALORIZADORAS: Te hace creer que nadie te va a querer, que eres tonta, estúpida, inútil y que no mereces su atención.

"Cuando tenía algo que decirle a mi madre buscaba algún momento en el que no estuviera haciendo

algo importante, pero nunca acertaba. Me decía cosas como: No me hables, que estoy planchando".

Además del insulto directo, una de las conductas/estrategias más frecuentes es la "inatención activa" (Ley del Hielo, o Ley del Silencio) que antes se ha descrito en relación a la pareja de la madre narcisista (en el apartado *La familia narcisista: padres e hijos,* p. 132). Esta estrategia puede ser empleada como un castigo, o como una actitud que marque la relación madre-hija. Cuando se emplea la "Ley del Hielo", la hija suele hacer todo lo posible por restaurar la comunicación lo antes posible. Posteriormente, para evitar que su madre vuelva a dejar de hablarle, o de llamarla por teléfono, si están lejos la una de la otra, hará lo que su madre espera de ella, anticipándose a sus deseos y sus expectativas.

INDUCIR IDEAS DE INDEFENSIÓN: *"Te hace pensar que nadie te va a creer".* A base de contradicciones y órdenes culposas, el castigo es inescapable. Es el conflicto evitación/evitación.

"Un día, a la hora de la siesta, mis padres se fueron a dormir y me dejaron al cuidado de mi hermano. Solían hacerlo así. Pero mi hermano se cayó, saltando de cama en cama, y se hizo una herida en la barbilla. Como lloraba tanto, se levantaron los dos y fueron a mi cuarto. Miraron la barbilla de mi hermano y se lanzaron hacia mí a pegarme. No volvieron la cara para ver la herida. Solo me chillaban a mí, echándome la culpa de la herida. Cuando se cansaron de darme golpes, se volvieron a dormir, dejándonos a mi hermano y a mí de nuevo solos. Curé su herida como pude".

GESTOS AMENAZADORES QUE SOLAMENTE TÚ CONOCES: Son gestos imperceptibles para las demás personas, bien porque la madre se guarde de que otros la vean, bien porque son gestos aparentemente neutros, pero que la hija interpreta muy bien como muestra de desagrado materno, y que predicen que la madre arremeterá con ira cuando estén a solas.

"Cuando mi madre arrugaba la boca mordiéndose el centro de la lengua y mirándome, ya me echaba a temblar: me esperaba una buena cuando llegáramos a casa".

HACERSE LA VICTIMA: Las *enfermedades* de una madre narcisista son siempre más dolorosas y graves en ella que en su hija. Incluso se creen objeto de daño imposible:

"Hija, la depresión la he heredado de ti".

"Cuando tuve el accidente de tráfico, mi madre no se lo dijo a nadie. No quería que yo tuviera ningún tipo de protagonismo, aunque fuera por una desgracia. Siempre hablaba de sus dolencias, y nunca de las mías, aunque hubiera estado a punto de morirme".

MENTIR: Son capaces de inventar su pasado, fingir enfermedades (les encanta ir a urgencias) y llamar a sus hijas para que acudan rápidamente. Incluso son capaces de simular intentos de suicidio, si es preciso, para conseguir culpar a su hija y hacerla ir a su lado inmediatamente.

Aurora acompaña a su madre al médico y cuando oye a su madre hablar de lo mal que está, se queda espantada de la cantidad de mentiras que le está contando, pero no dice nada. No puede contradecirla.

Luisa acudió a urgencias porque su madre había intentado suicidarse (en realidad no había ingerido las pastillas que decía haber tomado). El personal de enfermería la miraba de reojo. Se enteró después de que su madre la había culpado de su intento: "Mi hija me da tantos disgustos…"

AMARGARTE LOS BUENOS MOMENTOS: Cada Navidad, cada cumpleaños, la graduación, la Comunión, la boda… Las víctimas pueden afirmar que ninguna de las fechas importantes de su vida ha sido plena porque su madre las ha fastidiado de una u otra manera.

"Mi cumpleaños es "su" día, y no el mío, porque me parió y yo la tengo que felicitar".

Marisa recuerda la mañana de su Comunión y afirma que podría estar llorando aún por lo que pasó ese día. La madre, cuyo padre (el abuelo de Marisa) había muerto cuatro meses atrás, no la acompañó a la iglesia. Le explicó que estaba de luto, pero que se fuera tranquila, que ella iba a preparar el chocolate para la celebración (en sus tiempos era la fiesta esperada: chocolate de desayuno para todos los primos y amigos). Al volver a casa no había nada preparado: ni primos, ni chocolate.

ANTEPONER SUS NECESIDADES A LAS TUYAS: Ropa, comida, bienestar. La madre siempre es la primera. Las niñas lavan los platos para que su madre duerma la siesta.

"Recuerdo que debía ser muy pequeña cuando mi madre me ponía a lavar la vajilla porque me subía a una silla bastante alta para hacerlo. Ella se iba a dormir. Cuando acababa, me daba miedo bajarme de la silla, pero no me atrevía a llamarla, así que me quedaba allí subida hasta que ella se levantaba".

"Me crie sola y lo aprendí todo sola. Ella hacía como si yo no necesitara que me enseñara nada".

No solamente las necesidades diarias son prioritarias, sino también la misma existencia. Una paciente aprendió desde muy niña la oración que su madre le enseñó y que todas las noches tenía que rezar hasta que se hizo mayor:

"Virgen mía de la Cabeza,
Virgen de mi corazón,
pon a mi madre buena
aunque me muera yo".

HUMILLACIÓN: A base de insultos y comparaciones con otros hijos, en presencia de otras personas. Muestran predilección por un hijo reiteradamente, en contra de la víctima. Generalmente el varón es elegido como el predilecto, como hemos visto. Los insultos, ponerle motes desagradables, despreciar su aspecto o su presencia, son hechos comunes. Una hija decía, en el grupo, que desde muy joven se había cambiado el color del pelo con frecuencia:

"Lo hacía para que mi madre me aceptara. Ahora lo hago, pero NO ES POR CAMBIAR, es por poder elegir".

DISIMULAR: Las cosas son diferentes de puertas para fuera y de puertas para dentro. Ante los ojos de las demás personas, se trata de una familia perfecta, con hijos perfectos. Dentro de casa no hay ni amor, ni cariño, ni afecto de ningún tipo[2].

"Delante de la gente son capaces de hablar bien de ti, pero cuando se cierra la puerta de la casa, la cosa es distinta".

"Nunca me ha dicho que me quería".

"Me compraba ropa de marcas caras, pero no me besaba, ni me abrazaba".

"En todas las fotos familiares salimos igual: mi padre me tiene a mí cogida y mi madre abraza a mi hermano. Creo que nunca me ha querido".

Con este tipo de comportamientos las víctimas suelen perder gran parte de su autoestima, convirtiéndose en personas debilitadas. El desarrollo yoico, que se inicia en la infancia y va evolucionando hasta llegar a la madurez, sufre un menoscabo importante a causa de la nula educación emocional recibida, y a esto se suma a las creencias negativas inculcadas por nuestras figuras parentales, que se van acumulando durante toda la vida.

El vínculo traumático

Mediante estas estrategias de confusión y acciones de control y dominación, las madres narcisistas proporcionan todo un entramado de lazos invisibles con sus hijas que acaban por anular su voluntad, al menos parcialmente.

Las relaciones que establecen las hijas con sus madres narcisistas son duraderas a pesar del maltrato sufrido. Se sorprenden a sí mismas haciendo lo contrario de lo que quieren hacer, y lo que razonablemente se espera de ellas fuera de la familia. Si comentan esto con sus parejas o con personas de su entorno más próximo e íntimo, admiten que sería bueno hacer caso a los consejos que les dan, pero replican inmediatamente que no saben por qué pero no pueden llevar a cabo lo que se les recomienda: alejarse de sus madres. No pueden evitar sentirse unidas a sus progenitoras y a cumplir con todos los deberes de una "buena hija".

Rufi ha sido la oveja negra de su familia. Sus hermanos minimizan los episodios de maltrato y el que ella nunca tuviera ropa nueva. Tras años de escaso contacto,

cuando su madre enfermó mortalmente, la que la aten-
dió y cuidó fue Rufi. Su marido no quería que lo hicie-
ra, pero su madre murió en su casa, en sus brazos. Ella
le cerró los ojos y la besó.

Este tipo de relación imposible tanto de producir felicidad y de romper se ha denominado "vínculo traumático"
(Duton y Painter, 1981). Este concepto se desarrolló como
explicación de por qué las mujeres maltratadas por sus parejas
siguen en la relación sin atreverse a romperla. Esto parece
responder a que entre agresor y víctima se generan unos
vínculos muy poderosos que se desarrollan a partir de dos
características específicas y esenciales de la relación abusiva:

1) Desequilibrio de poder.

2) Intermitencia del abuso.

En el caso de las hijas y las madres narcisistas, la primera característica se da desde el nacimiento de la niña, y lo que
determina el que se mantenga una vez llegada la mayoría de
edad es que coexisten episodios de maltrato y acercamientos
aparentemente benignos. Por último, el hábito hace el resto:
"es que mamá es así", piensa toda la familia.

Capítulo 7

¿QUÉ PUEDES HACER SI ERES VÍCTIMA DE UNA MADRE NARCISISTA?

Nadie puede cambiar el pasado, pero todos podemos cambiar los efectos del pasado en el presente.

Federica Cagnoni y Roberta Milanese

Lo importante no es lo que han hecho de nosotros, sino lo que hacemos con lo que han hecho de nosotros.

Jean-Paul Sartre

Si un paciente —o su terapeuta— cree que el comportamiento de la madre es el propio de una madre narcisista y que este puede haberle influido negativamente, puede completar los dos cuestionarios que se muestran en el ANEXO 1 (p. 257). Son fáciles de responder y no demasiado largos. Es una manera de comenzar a examinar si alguien es una víctima de maltrato materno o no.

A las personas, por lo general, nos cuesta reconocer la influencia de nuestros padres en la vida y, más aún, buscar ayuda para examinar en qué extensión y profundidad lo han hecho, porque la psicoterapia prolongada es tediosa, cara, y sus resultados, limitados (Forward, 2014). Además, a pesar de reconocer la influencia materna en los síntomas actuales, y que todo lo aquí expuesto tiene sentido a la hora de hacer balance de la biografía personal, simplemente culpar a las madres del malestar psicológico no lleva a la solución del problema. No se trata de llorar y consolarse con la idea de que ya hemos encontrado la causa última de su sufrimiento. Una visión del pasado debe conducir al presente, y a planificar un futuro diferente al que se nos ha asignado. Y viceversa, además de tratar los síntomas del "aquí y ahora", echar la vista atrás es una actitud terapéutica más completa que cada visión por separado, como recomienda la psicoterapeuta Susan Forward (2014). De hecho, ella recomienda huir de terapeutas que, al oír la historia personal de este tipo de víctimas, digan algo similar a:

- *Son cosas del pasado, tienes que seguir adelante.*
- *Vamos a tratar el aquí y ahora.*
- *Necesitas cortar suavemente con tu madre. Ella tiene problemas también.*
- *No quieres pasarte la vida sintiendo pena de ti misma.*
- *Necesitas perdonar, olvidar y seguir con tu vida.* (p. 137)

Se han propuesto diversos tipos de terapias para víctimas de maltrato. Todas ellas comparten el foco principal: el fortalecimiento de la autoestima y el autoconcepto de la víctima en lo que se ha llamado "empoderamiento". En realidad, todas las terapias psicológicas tienen como fin el "empoderamiento", por lo que no puede decirse que ninguna corriente psicológica tenga el patrimonio de esta meta. Estas propuestas terapéuticas se muestran cronológicamente a continuación.

Psicoterapia de McBride

La terapia específica que propone Karyl McBride (2008) en su libro Madres que no saben amar tiene 12 pasos que se estructuran en tres grandes áreas:

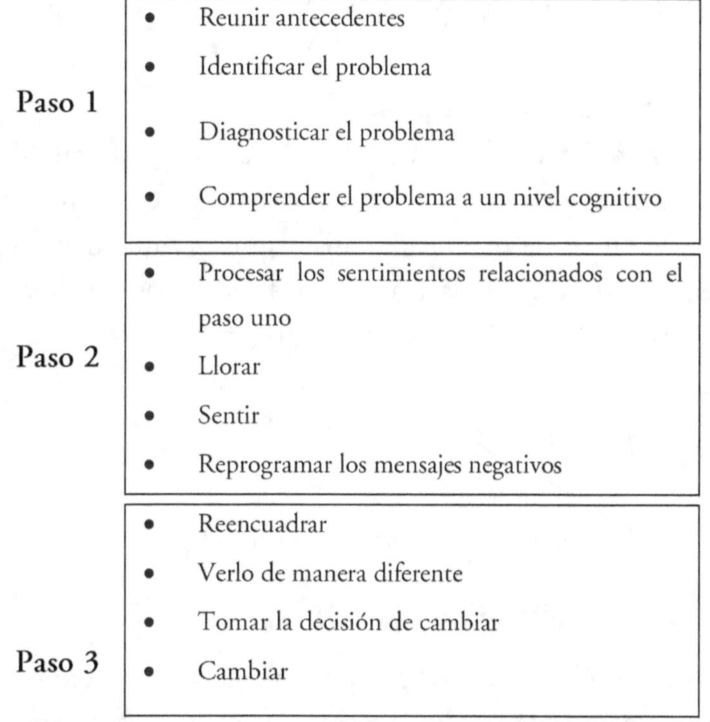

Figura 2. Esquema de tratamiento de psicoterapia para víctimas de narcisismo materno (McBride, 2008)

McBride (2008) remarca que es necesario no saltarse ni el paso uno ni el paso dos para que el cambio sea posible. Afirma que, sin ellos, "no funciona" la terapia.

Para llevar a cabo la psicoterapia —que es de corte analítico-experiencial— es preciso que la paciente:

- Acepte las limitaciones de su madre y darse permiso para llorar por ella,
- se separe psicológicamente de ella, y reencuadre los mensajes negativos,
- trabaje con una verdadera conciencia de sí misma,
- trate con la madre y la relación con ella de un modo sano, y
- trate con los propios rasgos narcisistas y no los trasmita a los hijos.

Propuestas de Susan Forward

. Susan Forward (2014) dedica la mitad de su libro *Madres que no pueden amar* a aconsejar ejercicios para ayudar a las víctimas de madres narcisistas una vez que han aceptado la verdad de sus vidas, han sentido la ira, y han llorado por la herida que han recibido de sus madres:

- Role-playing
- Escribir cartas
- Visualizaciones
- Ejercicios de empoderamiento

Psicoterapia de Lindsay Gibson

Lindsay Gibson (2015) propone una intervención psicoterapéutica basada en dos fases, tras invitar a las víctimas a detectar sus fantasías sanadoras y sus roles asignados para complacer a sus padres, pero que no son su verdadero Yo (que les han permitido sobrevivir a un ambiente familiar adverso):

1. Despertar al verdadero Yo (gustos, opiniones, aptitudes, necesidades de autocuidado, sentimientos —incluida la ira y el enfado—, valores, ilusiones, planes, intencio-

nes…), que ha permanecido oculto, tapado por el rol falso que se ha generado para lidiar con el desafío adaptativo diario. Ese rol falso es el de un ser abnegado y complaciente.

2. Emplear tres estrategias para establecer una nueva relación:

a) La "observación desapegada", inspirada en la teoría de los sistemas familiares de Bowen (1978), que consiste básicamente en no implicarse emocionalmente en las discusiones y exigencias de la figura parental, poniendo distancia, como si fuéramos meros observadores profesionales ("científicos") de nuestros padres. Sugiere que si se siente la sensación de pérdida de control, se repita mentalmente la palabra "Desapégate" varias veces.

b) "Conciencia de su madurez", que consiste en atribuir las conductas parentales adversas o inadecuadas a su inmadurez. Se asume que es su escaso nivel de madurez la causa de sus comportamientos hostiles o desapegados, y que determinar el grado de inmadurez parental facilita a los hijos comprenderlas y predecirlas.

c) Salirse del viejo falso rol que has representado (abnegado y complaciente), observando la propia conducta y la conducta materna, de manera que podamos abandonar el hábito de responder de la misma manera y la "fantasía de curación" (la creencia en que haciendo lo que el rol exige, se obtiene cariño y atención).

Mediante estas estrategias, supone Gibson (2015) que podrá construirse una nueva relación permitiendo a la víctima:

1. Expresarse sin esperar respuesta.
2. Poner la atención en el objetivo (no en la relación).
3. Tener claridad y determinación en lugar de involucrarse.

Método RAN©: Recuperación del Abuso Narcisista

La psicoterapia propuesta por Olga Fernández Txasko (2018), a la que ha denominado Método RAN© (Recuperación del Abuso Narcisista), se divide en cuatro partes:

- 1ª Parte: Haciendo Consciente lo Inconsciente: debes tomar conciencia de lo vivido y de todos los síntomas que acarreas. Sin reconocer lo que tienes no puedes cambiarlo.
- 2ª Parte: Procesando la Verdad: duelo.
- 3ª Parte: Sanar: Neurociencia y reestructuración cognitiva.
- 4ª Parte: Empodérate: Encuéntrate a ti misma/o, a la persona que realmente eres.

En general, la terapia de las víctimas de maltrato tiene que estar integrada por distintos componentes y los distintos autores ponen el acento en uno u otro. Dichos ingredientes son:

- o COMPRENSIÓN DEL PROBLEMA
- o AFRONTAMIENTO ADECUADO DE LAS EMOCIONES Y CONDUCTAS QUE EL PROBLEMA GENERA
- o ALEJAMIENTO DE LAS RELACIONES TÓXICAS
- o EL TRABAJO DE LA DISCULPA Y EL PERDÓN

En principio, comparto la creencia de que los tres primeros componentes son importantes, y pongo en cuarentena al último. Pedir perdón es signo de buena educación, algo que se enseña a los niños desde pequeños, un aprendizaje social que parece estarse diluyendo con el tiempo. El perdón, pues, está asociado a cualidades morales superiores, pero de acuerdo con Macey (1990), el perdón a los padres que han hecho de tu infancia un desierto, o que te han maltratado abiertamente, no es necesario para llegar a sentirte mejor. McBride (2008) admite que el perdón puede ser sanador cuando la víctima comprende que el agresor no pretendía hacer daño "pero no nos hacemos ningún bien cuando tratamos de negar el dolor que sentimos" (p. 249) y solo admite el perdón cuando el agresor se haga responsable de la mala conducta, consciente y responsablemente, o bien cuando la víctima desea hacerlo, dejando ir un pasado difícil para rehacerse sin él. Sin embargo, mi opinión es que el perdón puede formar parte del proceso por el cual cualquier tipo de víctima admite que su agresor es otro ser humano, y que las malas conductas pueden ser perdonadas, aunque no olvidadas. Nadie es totalmente bueno, ni totalmente malo. Aceptar esto es importante para rodearnos de otros seres humanos y tratarlos con equidad. Por lo tanto, asumo que el perdón no debe ser una meta en sí mismo, sino una opción personal, de carácter moral, que las víctimas pueden ejercer a voluntad.

La Terapia de Princesas como alternativa

Basándome en la hipótesis de Gibson (2015) sobre cómo padres inmaduros propician que sus hijos adopten un rol diferente de lo que son (el rol que cumple con las exigencias parentales), propongo en este libro una nueva forma de intervención, adicional a las ya existentes, que vendría a neutralizar el efecto maligno del rol asignado durante la infancia, y que he bautizado como TERAPIA DE PRINCESAS. Junto con la esencia de la terapia narrativa, conjuga el *counseling*, las *autoinstrucciones* y el entrenamiento asertivo con el fin de lograr el tan ansiado "empoderamiento" que permite a las víctimas cambiar su actitud temerosa e insegura por otra, valiente y autoafirmante. El propósito de la Terapia de Princesas no es la supresión del daño recibido, sino una manera de paliarlo.

Gibson (2015) señala que cuando nos identificamos con un rol, surge el problema de que ese "*rol carece de una fuente de energía propia, luego tiene que robarle la vitalidad al verdadero yo (…) es mucho más cansado que ser nosotros mismos, ya que requiere un esfuerzo enorme ser algo que no somos. Y puesto que es una invención, ese rol que personificamos es inseguro y tiene miedo de que se descubra que es un impostor (…) pues nunca puede ocultar del todo nuestras verdaderas inclinaciones. Tarde o temprano nuestras auténticas necesidades aflorarán. Cuando decidimos dejar de personificar el rol y empezar a vivir más desde quienes realmente somos, podemos avanzar con más ligereza y vitalidad*" (p 141).

Ciertamente, vivir toda la vida sintiéndose no-querida es una carga pesada y, si la conciencia de los porqués provoca dolor, el dolor se transmuta parcialmente en ira. Hacer que esa ira sea la motivación última del cambio hacia actitudes menos dolorosas es el objetivo último de la terapia. Veamos cómo lograrlo.

La idea de que todas las mujeres son protagonistas de su historia no es nueva en la psicología ni en el arte. La segunda revolución cognitiva puso su foco de atención en el SIGNIFICADO y este énfasis sobre el significado introdujo un nuevo giro discursivo en la psicología cognitiva. Tal giro discursivo se caracteriza por dos nociones centrales, según Gongalves, Alves, Soares y Duarte (1996):

(1) que los fenómenos psicológicos pueden ser entendidos esencialmente en términos del discurso, siendo éste público (i.e., conducta) o privado (i.e., pensamiento);

(2) que el sistema simbólico del individuo se deriva de las prácticas discursivas de su cultura.

Además de estos supuestos, como Harré y Gillett (1994) señalan, esta nueva aproximación a la cognición asume que *"los fenómenos discursivos, por ejemplo, actos de recuerdo, no son manifestaciones de ocultos fenómenos psicológicos subjetivos. Ellos son el fenómeno psicológico"* (p. 27). A este respecto, Luis Landero, en la primera página de su novela *Lluvia fina* (2019), donde subyace la estructura de familia narcisista descrita en este libro, escribe:

Hay algo en las palabras que, ya de por sí, entrañan un riesgo, una amenaza, y no es verdad que el viento se las lleve tan fácilmente como dicen. No es verdad. Puede ocurrir que ciertos ecos de los dichos, y hasta de los dichos más triviales, sigan como en letargo durante muchos años, latiendo débilmente en un rincón de la memoria, esperando una segunda oportunidad de regresar al presente para aumentar y corregir lo que no quedó del todo claro en su momento, y a menudo con una elocuencia y un alcance significativo que exceden con mucho a los que tuvieron en su origen (…) Y siempre, siempre, los relatos o las palabras que vuelven de los oscuros ámbitos de la memoria llegan en son de guerra, cargados de agravios, y ansiosos de reivindicación y de discordia (pp. 11 y 12).

A partir de estos supuestos, surge la terapia narrativa, que eclosionó como tal en la psicología en los años 80 y 90, y es bajo el amparo de la terapia constructivista donde ha fructificado. La finalidad de este tipo de terapias es la deconstrucción del significado en la historia personal y reconstrucción del mismo con ayuda del terapeuta (Villegas, 1995). Un ejemplo de la terapia narrativa aplicada al trauma es la *terapia estratégica*, aproximación de dos autoras italianas: Federica Cagnoni y Roberta Milanese (2009), que se encuadra dentro de las *terapias sistémicas*. Las autoras denominan a su estrategia fundamental "la novela del trauma". Básicamente, se trata de prescribir a pacientes que no logran superar un suceso traumático que lo escriban con todos los detalles posibles (incluyendo las sensaciones, los sentimientos y las propias conductas). Esto deberán hacerlo a diario, de manera redundante, y cada vez que acabe "la tarea", firmará la narración y la meterá en un sobre. En esta primera fase de su tratamiento, la descripción del suceso "desbloquea" todo aquello que se ha intentado mantener cerrado, sin comentar con nadie, sin recordarlo: es la evitación máxima. Todo ese material —sobres cerrados con las narraciones dentro— lo aportará en la siguiente sesión. La lógica que subyace a este tipo de intervención es un aforismo de Robert Frost: *Si quieres salir, has de pasar por el medio* (cit. Cagnoni y Milanese, 2009, p. 72). Traduciendo esta herramienta a lenguaje de la terapia cognitivo-comportamental, se trataría de la técnica de "exposición en la imaginación", realizada en ensayos masivos, puesto que los pacientes se exponen a diario al suceso traumático.

Otra prescripción de la terapia estratégica es la prescripción orientada a la solución. Según las autoras, hacer una lista de cómo se comportaría si no existiera el problema: *"¿Cómo me comportaría hoy, de modo diferente a como sue-*

lo hacer, como si ya hubiese superado completamente lo que me sucedió?". Cada día, se repetirá la pregunta y se hará una tarea: hacer algo "como si" el problema hubiera desaparecido. Traducida esta técnica al lenguaje de la terapia cognitivo-comportamental, se trataría de la "práctica positiva".

Desde una perspectiva basada en el empoderamiento, los otros dos componentes de la *terapia estratégica* para el TEPT (la conjura del silencio —hablar continuamente del problema con otras personas con el fin de ser consolado— y la pregunta del «cómo empeorar» —o prescripción del síntoma—) no son aplicables al caso particular de víctimas de un trato denigrante por parte de sus madres.

Cuando varias víctimas se reúnen en grupo para hablar de sus experiencias como hijas de madres narcisistas están haciendo un ejercicio narrativo. Aunque todas comparten el dolor de haber tenido una madre diferente a las demás niñas, muy alejada de lo que se entiende como una *verdadera madre* con ellas, y que en algunos casos sí las han visto actuar como ellas esperaban, pero con otros hijos (como hemos visto, sobre todo, con los varones), la narración está hecha.

La *deconstrucción* de la que habla el constructivismo la realiza el grupo a la luz de los conocimientos que las víctimas hacen de la historia de sus madres, de sus padres y de sus hermanos en relación con ellas mismas. Ciertamente, la capacidad narrativa de los niños pequeños se ha puesto de manifiesto en experimentos como el de Monforte Maresma (2013-2014), en el que se mejoraba la capacidad narrativa en niños de 3 y 4 años del grupo experimental, comparado con el grupo control. Cuando las hijas crecen en este tipo de familias, llevan años contándose a sí mismas una narración terrible y confusa. Al deconstruir su historia con los conocimientos adquiridos en la terapia ya no se ven simplemente como pobres niñas desdichadas, apartadas del cariño de mamá por no se sabe qué malas artes de algún hechizo o de su propia culpabilidad o maldad. Ahora, tras aprender en el grupo más sobre el narcisismo materno, son verdaderas expertas en *cazar narcisistas* en su vida cotidiana. Toda su experiencia infantil se filtra a través de ese conocimiento y ya saben qué ha pasado en su vida para no poder tener el amor materno que han intentado pagar caro a diario; el mismo que otras niñas tienen gratis. Tener una madre narcisista les ha limitado en parte para recibir ese alimento vital.

Metafóricamente hablando —porque también la terapia de Princesas es una enorme metáfora—, la sucesión de microrrelatos que van apareciendo en las sesiones grupales son perlas que luego van a ser engarzadas en casa, fuera de la sala del grupo, con el hilo común del conocimiento sobre qué es una madre narcisista y cómo se comporta. A partir de este relato prototípico se pasaría a reescribir la historia personal. Si solamente nos centramos en el conocimiento de los hechos pasados, como proponen las terapias analíticas, tenemos que echar mano de la catarsis como un acto mágico, potente en sí mismo, capaz de hacer cambios profundos en la personalidad, pero la práctica de cualquier tipo de terapia (tanto las psicológicas como las biológicas) nos dice que el conocimiento de las causas de los males humanos no provoca la curación si no introducimos un agente sanador, el motor del cambio (en caso de las terapias biológicas, sean cirugía, antibióticos, analgésicos, antidepresivos, quimioterapias, antiespasmódicos, antisépticos, rehabilitación física...; en caso de las terapias psicológicas, reentrenamiento en psicomotricidad, logopedia, reestructuración cognitiva, terapia asertiva, modificación de conducta, relajación, biofeedback...).

En el caso de las terapias narrativas, la asunción de un nuevo papel que representar en el futuro basado en la historia pasada, pero estableciendo nuevas reglas de comportamiento es el motor del cambio. En palabras de Pennebaker (1993): *"La construcción de una historia, más que el tener una historia construida puede, pues, ser el deseado punto final del hecho de escribir y, por extensión, de la terapia"* (1993, p. 546). Así, la reconstrucción, foco principal de toda terapia narrativa, como sugieren las diferentes terapias constructivistas, empieza a hacerse con la terapia de Princesas.

El empleo de la imagen de *princesa* no es más que apelar a la figura prototípica de héroe/heroína, un recurso frecuente en todo tipo de psicoterapia, junto con la metáfora (por ejemplo, el "abanico" en terapia cognitiva). Los prototipos representan una alternativa: diferentes opciones de significado —o interpretaciones— que se pueden dar a un fenómeno, o las opciones de respuesta que tiene el paciente para reaccionar ante él. Jordan Peterson, el psicólogo de moda, autor de *12 reglas para vivir* (2018), emplea los prototipos constantemente, tanto en sus textos como en sus conferencias, debates y consultas para fomentar la identificación del contrario (paciente, contertulio o público en general) con las ideas que él expone, lo cual resulta ser una estrategia muy eficaz.

La elección de la PRINCESA como prototipo para el cambio no es gratuita. Al contrario que el feminismo de género, que odia la figura de las princesas de los cuentos de hadas y aboga para que el modelo de heroína femenina se adapte a lo que sería deseable para eliminar las barreras de género

(Aguado y Martínez, 2015), yo sugiero rescatar la imagen de los prototipos de princesas/heroínas de nuestra infancia para afrontar los problemas de la niñez. Se ha acusado a los cuentos de hadas de sexismo, de fomentar los roles de género, de fomentar la falsa idea del amor romántico, y de inducir al maltrato a las mujeres. La fotógrafa Dina Goldstein publicó una serie de fotografías, *Fallen Princesses*[1] desmitificando a las Princesas Disney que tanto gustaban a su hija, cuando su madre recibió el diagnóstico de cáncer de mama. Para ella, nada se decía de la vida de las princesas cuando acababa el cuento (que toda niña imagina maravillosa y feliz), pero tampoco nada hacía sospechar que sus vidas iban a ser tan prosaicas como las de las demás mujeres, incluida ella misma. Dina se decantó por imaginar lo segundo y realizó una serie fotográfica en la cual las princesas aparecen en situaciones más o menos prosaicas, degradantes o peligrosas. Por ejemplo, en estas fotos puede verse a Blancanieves de pie, con dos hijos en brazos, otro agarrando su falda y otro gateando a su alrededor, mientras su Príncipe está sentado tan ricamente con una lata de cerveza en la mano. Otra foto muestra a la Sirenita en un acuario, siendo observada por una niña al otro lado del cristal. Otra, a Rapuntzen sentada en la cama de un hospital, quitándose la peluca de una larga trenza rubia. Las "princesas caídas" han generado pasiones tanto a favor como en contra.

Otros libros han atacado mordazmente a las Princesas de los cuentos de nuestra infancia por ejemplo, *Cinderella Ate My Daughter (Cenicienta se comió a mi hija)*, de Peggy Orenstein (2011), un *best-seller*, pero el odio de esta madre feminista a las Princesas ya venía desde 2006, cuando se preguntaba, enfadada, por el color rosa y por si cada niñita debería ser una princesa[2].

La guerra a los "cuentos de hadas" ha durado mucho tiempo y va a ser difícil reconquistar el valor inigualable del poder simbólico que tienen las Princesas. No es el propósito de este trabajo el hacer digresiones sobre el feminismo radical de género, ni sobre por qué odia casi todo lo que las mujeres adoramos, pero me gustaría puntualizar mi opinión al respecto de la figura del Príncipe Azul. Las atribuciones que se han hecho desde el feminismo (y el odio que ha generado) al Príncipe Azul no provienen de los cuentos de hadas, como se nos ha hecho creer. El mito del héroe salvador forma parte de toda cultura (acusada de patriarcado y, como tal, algo maligno por definición para la tercera ola del feminismo). Pero el mito tiene un propósito evolutivo a corto y a largo plazo. Para mujeres y hombres, la conquista de un miembro del sexo opuesto tiene una función biológica que se ha desarrollado a lo largo de milenios. En particular para las mujeres, la conquista del varón representa la solución a muchos problemas vitales: el hombre es una *herramienta* útil, ya no como compañero, sino como protector de ella misma, la hembra, y de su prole. Estamos hablando de defensa de la vida en guerras y contiendas a lo largo de la Historia —y por lo tanto, de la evolución como especie— y de trabajos duros en la fabricación y el mantenimiento de la vivienda y las labores agrícolas o ganaderas. Aunque esto sigue ocurriendo en la mayor parte del mundo, para el feminismo, el varón, el matrimonio y la familia heterosexual han perdido sentido y, por lo tanto, la figura del Príncipe (y por ende, la Princesa) debe ser aniquilada.

El prestigioso psiquiatra, conferenciante y escritor Joaquín Sama Naharro[3], experto en el cuestionamiento biológico de la ideología de género e intérprete de la cultura y la sexualidad desde el punto de vista de la Teoría de la Evolución, señala:

"El mito del Príncipe Azul entronca en la fuerte atracción que las mujeres sienten por los líderes, por quienes ostentan el poder del tipo que sea (banqueros, ministros, militares, futbolistas, millonarios en general). Biológicamente hablando, la mujer, por instinto, selecciona al mejor reproductor posible y al que mejor pueda asegurar la alimentación y crianza de los hijos que puedan venir. La selección natural actúa. El resto de los animales hacen lo propio, teniendo que demostrar los machos de numerosas especies, mediante duras peleas, que son los mejores. El Príncipe Azul representa todo eso: riqueza, abundancia, protección... ¿Se puede pedir mejor pareja para traer hijos al mundo? El éxito biológico se mide por el número de genes que cada uno es capaz de proyectar hacia el futuro, aunque ahora cuente más la "calidad" que se le puede asegurar a esos hijos que la cantidad".

Es por este motivo que el arquetipo del Príncipe es importante en la evolución del ser humano, pero en la Terapia de Princesas, el Príncipe no tiene la mayor importancia, como tampoco lo tiene en los cuentos de hadas. El Príncipe, el de los cuentos, no tiene nombre, ¡así de insignificante es su figura! Está en el cuento para resumir y acabar pronto, con el mensaje relativo al éxito, ya que simboliza que las cosas han ido bien y que la protagonista no tiene motivos para preocuparse porque todo se ha solucionado. Lo que los cuentos muestran al enseñarnos al Príncipe es el símbolo de que la Princesa ha progresado por méritos propios y merece un gran premio. Alcanzar la realeza no es moco de pavo. Los cuentos en España, además, suelen acabar con "fueron felices y comieron perdices y a mí no me dieron porque no quisieron". Es esa felicidad del éxito lo que representa la corta figura del Príncipe, y no más.

También, si no existieran las PRINCESAS, podríamos hablar de "hijas de las presidentas de la República", o de las "hijas de las Primeras Ministras", pero no sería igual. Precisamente porque las hijas de las señoras mencionadas no tienen "características distintivas" para formar un prototipo arquetípico, ya que han nacido en familias plebeyas, sin las características íntimas definitorias de la realeza: dignidad, soberanía, magnificencia, y grandiosidad. Lo que hace a una princesa serlo es que desde su nacimiento se la ha formado y educado de manera cuidadosa y especial. Se le atribuyen dones (más aprendidos que heredados) especiales, además de la dignidad, la generosidad, la corrección y la prudencia.

Sin embargo, quiero puntualizar que, precisamente, la intención de la Terapia de Princesas no es inducirla a esperar al Príncipe Azul, sino devolver la dignidad perdida a las víctimas de maltrato. En nuestro caso, ese maltrato es recibido de las madres, pero podría aplicarse a otro tipo de maltratos (padres, parejas, hijos, jefes o compañeros). Está ideada para mujeres especialmente porque son la mayoría de víctimas del maltrato de las madres narcisistas, pero se podría adaptar al sexo masculino si se dan las características propias de este tipo de abuso.

¿Cómo se aplica la Terapia de Princesas?

En la práctica de toda intervención dirigida a víctimas, es aconsejable que esta sea grupal. La idea del grupo para el tratamiento de este tipo de trastornos no es nueva. La doctora Estela Welldon (2014), una psicoanalista argentina experta en trabajo terapéutico —denominado *psicoanálisis forense*— dirigido a mujeres delincuentes condenadas (a las que ella denomina "perversas") recomienda lo siguiente:

> *Los pacientes que han estado dominados por una relación intensa, asfixiante, con su padre o con su madre son candidatos apropiados para participar en la terapia de grupo. El grupo les proporciona una atmósfera mucho más cálida y menos amenazante que la terapia individual, en la que la sensación de autoridad podría ser demasiado intensa. Pueden, además, compartir sus experiencias con compañeros que se encuentran su misma situación. A menudo, estas personas siguen estando sometidas a una madre demasiado posesiva que no le permitirá que desarrollen independencia o individuación alguna (p. 269).*

Desde la perspectiva de la victimología, se ha remarcado la importancia de los tratamientos grupales con clara ventaja sobre los tratamientos individuales por las razones que se exponen en la tabla 5.

A partir de la terapia de grupo para víctimas de madres narcisistas, hijas (e hijos) se han "explicado" los motivos por los que se sienten tan culpables por todo lo que hacen, cómo es que se han habituado a degradarse a sí mismas y se han colocado en una nueva posición ante sus madres, ya que han podido responder a las preguntas planteadas sobre su narcisismo. Pero esto no es suficiente. La verdadera terapia (la que induce al cambio) comienza cuando se acaba el grupo de conocimiento, que se realiza en cuatro sesiones, separadas por dos semanas entre una y otra, donde se tratan los diversos temas que se han expuesto en este libro para poder comprender el proceso de victimización en su totalidad:

<table>
<tr><td align="center">Ventajas de las sesiones grupales sobre las individuales</td></tr>
<tr><td>

- Simetría de los miembros del **grupo**: no es igual lo que el psicólogo explica o recomienda a una paciente desde la distancia terapéutica que lo que oye de labios de otras víctimas.
- No sentirse juzgado.
- La identificación entre los miembros del grupo permite una permeabilidad y predisposición al cambio mejor que en terapia individual.
- Posibilidad de aportar a otros las propias experiencias como aprendizaje, y aprender de los demás.

</td></tr>
</table>

Tabla 5: Ventajas de las sesiones grupales sobre las individuales.

1- El narcisismo materno.

En el primer contacto del grupo, se expone una presentación PowerPoint sobre el narcisismo. Este asunto sirve de detonante para hablar del comportamiento materno. Los silencios iniciales, provocados por la creencia de las víctimas de que hablar mal de una madre es moralmente imperdonable, van transformándose en una comunicación abierta y honesta sobre los propios sentimientos ante la conducta egoísta de las madres.

2- Cómo empezó todo: la formación de la pareja, la familia narcisista.

En esta segunda sesión comenzamos a tratar el origen del proceso con la formación de la pareja padre-madre, su matrimonio, el proceso de domesticación del marido o la separación formal o informal de la pareja, y la separación de los hijos del padre y de los hijos entre sí como manera de mantener el control sobre la familia. Todo ello ha sido descrito en el capítulo cuatro.

3- ¿Por qué eligen a una víctima y no a otra? ¿Y cómo lo hacen?

En esta sesión se descubren las maniobras de las que se valen las madres narcisistas para dar sentido a sus vidas mediante el control. Esas estrategias se describen en el capítulo seis.

4- ¿Y ahora qué? Revisión de objetivos.

En la cuarta sesión se exploran distintos caminos para separarse, al menos momentáneamente, de la madre para tomarse un tiempo de respiro y evaluar el daño personal recibido durante años. También se evalúan los logros que, a pesar de ese daño, se han realizado a lo largo de la vida. Una mirada retrospectiva permite la reevaluación. Por último, se evalúan los objetivos de la terapia que se plantearon en la primera sesión y si las expectativas se han cumplido.

Una vez completado el ciclo teórico del grupo, en el que las integrantes ya tienen una visión completa del fenómeno, pasamos a practicar cómo dejar de ser una víctima para pasar a ser una PRINCESA.

Practicando el ser Princesa

Una terapia de grupo peculiar, con princesas prototípicas cinematográficas "de verdad" ha sido llevada a un corto cinematográfico: *DysEnchanted*[4]. En total son 8 minutos de filmación de una supuesta terapia de grupo en la cual las pacientes son las princesas de los cuentos de hadas más famosos, guiadas por un terapeuta varón (Jim Belushi), que apenas interviene en la sesión de tan curioso grupo. El corto presenta a las princesas de los cuentos como mujeres reales, aquejadas de los mismos problemas que pueden tener otras mujeres, pero la frase más impactante es la que dice Blancanieves: *"Somos supervivientes"* (Minuto 4:32). A ello se añade otra de las frases, esta vez, en boca de la Bella Durmiente: *"Todas las mujeres son heroínas de su propia historia"* (minuto 4:50). Son estas frases las que hacen un paralelismo entre la terapia de *DysEnchanted* con la Terapia de Princesas: todas las hijas de madres narcisistas son supervivientes a un pasado lleno de dificultades, que han sabido saltar, con más o menos éxito, hasta hacerse heroínas de sus propias historias.

La terapia de Princesas que se aplica tras las cuatro primeras sesiones es un arduo trabajo de estimulación de la autoestima que se basa en los siguientes supuestos básicos:

— Dentro de toda mujer hay una princesa.

— Las princesas merecen respeto y están autorizadas para exigir ese respeto.

— Las princesas se comportan de manera regia estén donde estén.

— Las princesas tienen menos obligaciones que las reinas y más derechos que otros miembros de la corte.

— Cuando una princesa comete un error, pide disculpas y con ello no pierde su condición.

I. RECONOCIMIENTO.

Esta primera fase persigue el principio de primacía de la memoria y provoca un verdadero impacto. Se trata de que el terapeuta lance la frase clave de la terapia: DENTRO DE TI HAY UNA PRINCESA.

María Tolmo, en su libro "Una princesa ante el espejo" (2012) escribe: "Princesa, tienes que saber que dentro de ti vive una mujer majestuosa, capaz de hacer vibrar al mundo con su sola presencia, conmover con una sola palabra, enternecer con una dulce caricia, contagiar su alegría, derramar su bondad, dispuesta a amar y dejarse amar" (p. 85).

Se le dice a la paciente que esto ha sido así siempre y que por alguna razón (entre las expuestas en este libro sobre sus pautas de crianza en una familia narcisista) se le ha olvidado, o no ha prestado la suficiente atención a su verdadera esencia, o ha adoptado un rol diferente para sobrevivir, o todo ello al mismo tiempo. La princesa que hay dentro de cada mujer ha existido desde niña cuando leía cuentos de hadas y se identificaba con la protagonista.

Monserrat afirmaba que siempre le había gustado el cuento de Cenicienta y que se identificaba con ella desde niña, pero no había sabido pasar de la hora de los harapos a la de probarse el zapato de cristal.

Esta frase "dentro de mí hay una Princesa" es el comienzo y la esencia del cambio. Con ello queremos entrar a lo más profundo de la persona, en su núcleo más valioso. La identidad de las pacientes del grupo se ha puesto al descubierto a lo largo de las sesiones de conocimiento del problema. A estas alturas se han desnudado y mostrado cómo son realmente. Las confidencias de sus sentimientos y dolor pasado han ido saliendo a lo largo de los encuentros con el resto del grupo. Narrando los episodios que han venido ocultando a sus familiares, han comprendido que son aún niñas que necesitan abrazos y besos de sus madres.

Isabel se está separando de su marido. Se casó con él para salir de una casa donde no se la quería. Su madre (y también su padre) se han posicionado a favor del marido porque ella tiene otra relación. La insultaron gravemente llamándola "puta" y "zorra" y le espetaron que sentían vergüenza de que fuera su hija y que lamentaban que hubiera nacido. Ella les respondió: "¿Por qué me tuvisteis si no me queríais, si nunca me habéis querido? Yo lo único que he deseado, y por lo que he hecho todo lo que he podido, es que me dierais abrazos y besos... ¡Y todavía no me los habéis dado!"

La Terapia de Princesas entronca con la tradición terapéutica profunda que tiene sus raíces en la metafísica de Aristóteles (el ser de la esencia y la esencia del ser) y en la religión católica. En la primera carta a los Corintios, San Pablo escribió "¿No sabéis que sois templo de Dios y que el Espíritu de Dios habita en vosotros?" (Versículo 16). Con la frase "dentro de ti hay una princesa" se va directamente a la esencia de la persona como poseedora de cualidades que la hacen merecedora de una consideración diferente a la que se le ha dado hasta el momento. Al principio la paciente puede reírse de la ocurrencia, pero no es lo habitual. Generalmente, la víctima abre los ojos y presta atención a lo que viene después.

Las víctimas de maltrato por parte de sus madres se sienten identificadas con la Cenicienta, en mayor proporción que con Blancanieves. Si eres una hija de madre narcisista, pregúntate cuál es tu princesa preferida, con la que más te identificas. Da igual que no se trate de Cenicienta. Todas las princesas comparten la cualidad de luchar contra la adversidad y ser magistralmente competentes en ello.

Dedicamos tiempo a hablar de los cuentos de hadas, en los que las Princesas son las protagonistas, y a la identificación de las víctimas con las diferentes princesas de los cuentos: el arquetipo, la heroína. De la sorpresa inicial es preciso pasar al convencimiento de que la esencia de la princesa forma parte de la parte más íntima de la personalidad. El ser una Princesa que no es consciente a diario de que lo es, y de lo que ha sido siempre, establece una necesidad de cambio de actitudes que es preciso ir moldeando.

II. AFRONTAMIENTO ADECUADO DE PENSAMIENTOS, EMOCIONES Y CONDUCTAS GENERADAS POR EL PROBLEMA.

<u>Pensamientos</u>

Las emociones de tristeza, ambivalencia emocional, desazón y ansiedad son secundarias a dos pensamientos básicos, repetidos mil veces durante toda la vida de la Princesa:

—*¿Hay algo malo en mí para que mi destino sea que mi madre no me quiera?*

—*Si soy buena hija, mi madre acabará por darse cuenta y me amará.*

Durante las sesiones de grupo se lucha contra la primera idea, poniendo el acento en que el fenómeno de victimización no depende de la Princesa, como ha creído siempre, sino de la propia madre narcisista. Las víctimas suelen dudar de que toda la culpa sea de sus madres. Es muy doloroso derribar el mito de la madre nutriente, de la diosa fecunda que nos da la vida. El desapego es un proceso lento y penoso que no es imprescindible para hallar la paz y el confort de quien se sabe Princesa en una corte donde no es bienvenida. Basta con apuntar que NO ES CULPA SUYA, que hay un desfase en lo que ella ha creído durante años y lo que es real. Nos contentaremos con asumir que su madre no le ha demostrado amor porque no puede quererla como ella quiere a sus hijos, por ejemplo. Ese es el punto crucial: NO PUEDE. No es intencional que no pueda amarla y, de hecho, la ama "a su manera", una manera egoísta, donde la hija es una posesión.

Como ya se vio en el capítulo 3, las víctimas por su "culpa basada en la empatía" son capaces de realizar esfuerzos casi sobrehumanos para mantener a sus madres contentas o, al menos, lograr que no arremetan contra ellas con desaires, reproches o insultos.

> *Noelia trabajaba en una guardería y cuidaba de su propia familia —marido, hijos y nietos— al igual que atendía a su madre, que vivía en su propio piso. Iba a verla a diario, le hacía la compra, le buscaba cuidadoras, la peinaba, la lavaba, la acompañaba todas las tardes, la llevaba a los médicos. Como pago a sus desvelos, mientras estaba sentada en el sofá, no permitía que pusiera la televisión, o hiciera alguna labor manual como tricotar o hacer sudokus: "Has venido a estar conmigo y eso es lo que tienes que hacer", le espetaba. Entonces se quedaba callada, mirando a su madre hasta la hora de irse. "Aguantaba todo esto y más. ¡Es que lo aguanto todo! No me lo explico."*

Podemos considerar que muchas de las víctimas de madres narcisistas padecen lo que se ha venido a llamar "altruismo patológico" (Oakley, Knafo, Madhavan, y Wilson, 2012), entendido como ello lo siguiente: "*Una persona que se compromete sinceramente en lo que él o ella pretende ser actos altruistas, pero que perjudica a la persona o grupo que está tratando de ayudar, a menudo de manera inesperada; o daña a otros; o irracionalmente se convierte en una víctima de sus propias acciones altruistas*" (p.4). Según estos autores, "*el altruismo es la puerta de atrás del infierno*" (p. 4). Este tipo de altruismo excesivo puede ofrecer respuesta a problemas complejos del comportamiento humano como es la victimización. Desde esta perspectiva, el altruismo de las víctimas es un "altruismo defensivo". La víctima piensa que si proporciona amor, dedicación y cariño a su madre, no solamente actúa "como debe hacer una buena hija", sino que se asegura una tregua del malestar.

Matilde se describe como pasiva, complaciente y dependiente. Tiene una enfermedad ósea que le dificulta la movilidad. Evita hablar de su madre, a la que denomina "peculiar". Aunque esta ocupa una habitación lujosa en una residencia de ancianos, cara y bien surtida de recursos y bienestar, pide a su hija que le llene la nevera que tiene en su habitación de comida gourmet, pequeños caprichos, dulces y golosinas. Esa comida suele pudrirse o pasarse de fecha, y sistemáticamente Matilde es criticada por su madre, que le recrimina que estaba en malas condiciones, o que tenía mal sabor, o que era escasa. Cuando le pregunté a Matilde por qué seguía llenando la nevera de su madre, si no era más que una fuente de disgustos, no supo qué responderme más que "tenía vacía la nevera y yo debía llenársela". Interpreté que "llenársela" era una conducta adictiva tras la cual ella se sentía bien, y que lo mismo le pasaba cuando se ocupaba de las necesidades de sus familiares (marido, hijos, nietos), aunque esto representara una carga que difícilmente podía soportar por sus limitaciones físicas.

Dejar de actuar de manera altruista por adicción a dicho comportamiento, o para defenderse de los ataques maternos —por no necesitarlo— será, pues, un paso importante para empezar a caminar sin miedo.

El segundo pensamiento es más importante: *"si hago más esfuerzos, ella acabará por comprenderlo y todo cambiará"*. El pensamiento centrado en "satisfacer al otro", aun haciendo esfuerzos sobrehumanos y la "falacia del cambio", provoca un patrón de conductas que pueden llevar fácilmente a la extenuación. Esta "fantasía de sanación" (Gibson, 2015) es sumamente perniciosa, pero ha marcado la vida entera de la víctima y necesita ser erradicada de una manera no traumática, paulatinamente, puesto que se ha fundido con la esencia misma de su personalidad.

Emociones

Las emociones compartidas por las víctimas son las propias del desamparo y el maltrato crónico: tristeza, miedo, inseguridad, vergüenza, e ira ocasional. No es extraño que experimenten flashbacks ocasionales, recordando frases impactantes de sus madres, o situaciones traumáticas que han ocurrido a lo largo de sus vidas.

Luchar contra estas emociones no es posible si no se realiza un trabajo previo con los pensamientos que las sustentan. Posteriormente, ya debilitadas, puede hacerse un tratamiento específico basado en las pautas seguidas para el TEPT.

Respecto a la vergüenza, es un sentimiento arraigado en la creencia de que se es una persona inadecuada, al mismo tiempo que se pretende ocultar ante los demás que mamá es "diferente". Una frase de Carrie Fisher (la famosa Princesa Leia de la película *La Guerra de las Galaxias*, quien escribió varios libros donde hablaba de su alcoholismo y de la difícil relación con su madre, la también actriz Debbie Reynolds) en su autobiografía novelada y adaptada al cine, *Postales desde el filo* (1987)[5], ejemplifica este sentimiento como motor del disimulo de las víctimas: "*La única cosa que es peor que haber sido herida, es que todo el mundo sepa que te han herido*".

<u>Conductas</u>

Cuando tratamos a las víctimas nos centramos en sus conductas. La más trabajada es la **evitación** de situaciones temidas. Para que una hija deje de evitar enfrentarse o contradecir a su madre, haciéndole saber sus opiniones o deseos, es preciso emplear una terapia de afrontamiento que conlleve la exposición a dichas situaciones. Aunque no se incide en que se lleve a cabo de manera inmediata, se debe fantasear con que en algún momento hay que hacerle frente a los miedos.

En un primer momento, el "alejamiento protector" de sus madres es más recomendable que el cese de la evitación. Como cumplir con los dictados y caprichos maternos supone un riesgo muy alto de empeorar las cosas, es preferible hacer una retirada temporal de todo contacto con la madre. Cuando las componentes del grupo se resisten al *alejamiento protector* se hace hincapié en que el primer deber de una princesa-víctima es PROTEGERSE. La protección conlleva conductas de alejamiento del daño: no responder, no acudir con tanta frecuencia a casa de la madre, no discutir con ella, y marcharse cuanto antes si detecta ironía perversa o mensajes de culpa. Carrie Fisher señala en *Wishful drinking* (Fisher, 2009): "*A veces solo puedes encontrar el cielo alejándote lentamente del infierno*". Pues bien, este 'alejamiento protector' es necesario para ayudarnos a tomar una perspectiva nueva sobre la relación y examinar las redes que la madre ha lanzado para atrapar a su víctima. Cuando se entra en contacto con el fenómeno de victimización, es preciso tomar conciencia y posicionarse con una nueva perspectiva que hasta ese momento no teníamos. Hasta que la víctima no conoce bien el proceso al que ha estado sometida, ha percibido que cada vez que estaba en presencia de su madre se sentía mal y se culpaba por ello. Por esto necesita un "tiempo de espera" para elaborar los contenidos que ha aprendido en terapia y proponerse un cambio en su comportamiento. En *Como agua para chocolate* (Esquivel, 1989), la protagonista se hace consciente del problema materno: *"«Porque no quiero.» Tita, con estas tres palabras, había dado el primer paso hacia la libertad"*. Dejando de evitar la confrontación, la hija comenzará a controlar su propia vida.

Sea como sea, el cambio de comportamiento tras el alejamiento protector tiene que completarse con actuaciones proactivas. Ser princesa conlleva una serie de deberes. No todo son privilegios en la vida de la realeza. Una princesa puede hacer algunas cosas y no puede hacer otras, si quiere ser coherente con su esencia. Puede ser altiva, pero no se le permiten las "salidas de tono". Por lo tanto, se transmite a las pacientes que, al igual que la reina consorte, Letizia, puede protestar, enfadarse y refunfuñar, pero sin perder las formas educadas. La corrección es precisa cuando se trata de afrontar un desacuerdo. Igual lo es el mantener la calma. Las conductas airadas o agresivas deben ser objeto de atención, porque quien ha soportado mucha tensión interior suele pasar a un polo opuesto y dar rienda suelta a su ira.

Igualmente, una Princesa merece el mismo trato que se le exige a ella. Hacerse respetar por su madre y por todos los que la rodean está en la base del cambio más observable (la conducta abierta) y más contundente. Se le pide a la Princesa que detecte el abuso y que no lo consienta.

III. ANALISIS ESTRATÉGICO (El Espejo Mágico)

En esta tercera fase se hace hincapié en que no todo lo que le ocurre no es responsabilidad del trastorno narcisista de sus madres sino en que ellas han sufrido un proceso de victimización, en que se han "dejado manipular" por los criterios maternos y los de varias personas, olvidando quiénes son realmente. No se trata de hacerlas culpables de ese maltrato, sino cómo han optado por la adaptación a la adversidad en lugar de revelarse. El cambio de perspectiva en esta fase es esencial. Es como si se vieran reflejadas en un *espejo mágico*, en el cual su vida es observada desde su nueva posición en el trono. Ya no corren por el bosque, asustadas, en plena noche. Han llegado muy lejos en la vida, sorteando dificultades, y las personas que son no se parecen a lo que sus madres les han ido repitiendo durante toda su vida. Mirándose en el *espejo*, se ven a sí mismas con una cierta distancia que les permite ver sin sentir dolor, objetivamente, como en una película. El tono emocional ha disminuido y ya no lloran. Son capaces de observar sus vidas "desde fuera".

"Mirarse al espejo" con una corona de cartón como las que ponen en los roscones de reyes navideños puede resultar gracioso cuando se trabaja en grupo, pero es un juego eficaz. Mientras, ya en casa, se ven reflejadas en su espejo; deben tomar conciencia de quiénes son realmente, mirar de frente a la princesa que hay en su interior y hacerla salir.

A partir de esa posición privilegiada analizamos su vida actual y los lazos que las unen a la madre narcisista, sin propuesta de cambio en un principio. No es extraño que surja la pregunta: *"¿Qué debo hacer la próxima vez que me suceda esto?"* Si el grupo está atento, suele dar consejos de cómo emprender la acción, de manera directiva. Generalmente el grupo es tajante en sus recomendaciones, que son el alejamiento, el desprecio y la búsqueda de la justicia. Mi postura como terapeuta es diferente y repregunto a la víctima:

¿Qué haría una princesa?

¿Qué haría la princesa que hay en ti?

Una situación frecuente es la que se produce cuando la madre recuerda a su hija uno de los *"regalos envenenados"* que le ha hecho, con el fin de mantener viva la emoción ligada a la gratitud por haber recibido un gran privilegio. La hija se queda desconcertada y no sabe qué hacer o decir. Reconoce el regalo y se siente comprometida por la deuda que jamás pagará (*"lealtad por crédito impagable"*). Entonces sus defensas bajan y se queda inerme. Cuando intentamos dar un vuelco a la situación recurrimos a la memoria de la madre y se propone una respuesta tajante, enfatizando la dimensión temporal:

> *<u>En aquel momento</u> te pareció justo que yo tuviera ese dinero (o ese objeto) y te lo agradecí muchísimo, <u>pero ahora</u> estamos hablando de otros temas. No podemos estar llevando la cuenta de por vida de lo que hemos hecho la una por la otra en todo este tiempo.*

Haciendo hincapié en que lo que un día sucedió no tiene por qué durar para siempre, intentamos neutralizar la idea de lealtad eterna que las hijas tienen por lo que su madre les entregó. Si ellas tuvieran hijos, no dudarían en darles todo lo que necesitaran y no les martillearían con reproches por haberlo recibido. Haciendo consciente el efecto que les provoca la maniobra materna, se puede afrontar la petición de lealtad eterna de la madre.

IV. EL ARSENAL

Las armas de las que dispone una princesa en el mundo actual para luchar contra la adversidad son:

— *su autoestima,*

— *sus formas educadas, y*

— *su intención de hacerse respetar.*

a) Autoestima.

Para fomentar la autoestima es muy útil el ejercicio que propone Susan Forward (2014): en un folio, trazar una línea que divida el papel en dos columnas. En la primera, poner las frases que la madre ha repetido tantas veces a lo largo de sus vidas, que las definan: "tonta", "inútil", "simple", "nadie te va a querer", "no te mereces el pan que te comes"… Aunque escondidas en la memoria, esas frases siguen resonando en sus pensamientos más íntimos. Se trata de neutralizarlas en la segunda columna, dando todo tipo de razones por las cuales sus madres estaban equivocadas. La autoestima tiene sus raíces en los mensajes que nos decimos a nosotros mismos.

b) Formas educadas para ser respetada.

Es complicado para las víctimas encontrar la medida justa en sus reacciones ante las críticas. Las respuestas de ira y agresividad inapropiadas son tan frecuentes como la inhibición. Por eso, en esta fase también se aprende parte del entrenamiento asertivo dirigido a aceptar las críticas negativas. La crítica negativa es una de las peores cosas que toleran una víctima de madre narcisista. Toda su vida ha girado en torno a por qué su madre, haga lo que haga, no le reconoce los méritos sino que es capaz de transformarlos en cuestiones banales o incluso en errores y meteduras de pata. Oír la sentencia materna echándole en cara malas acciones que no ha cometido, o ridiculizando sus éxitos, o menospreciando sus intentos por mejorar, les produce una verdadera conmoción anímica que las bloquea y las hiere. Una vez que se ven a sí mismas como princesas, deben ser entrenadas para no solo tolerar la crítica negativa sino para responder a ella.

En la Figura 3 se expone cómo arreglárselas de manera exitosa empleando la TABLA DE "FORMAS-RAZÓN".

¿Tiene RAZÓN la crítica?

		SI	NO
¿Emplea las formas adecuadas?	SI	1	2
	NO	3	4

Figura 3: Esquema de cómo conceptualizar la crítica ajena.

Se trata de una rejilla de 4 celdas (2x2) en la que se expresan las dos dimensiones: si las formas verbales de quien critica son adecuadas, y si tiene o no razón en emitir esa crítica.

De esta manera nos encontramos con cuatro posibilidades para una crítica ajena (de menor a mayor dificultad):

1ª. CON RAZÓN Y FORMAS ADECUADAS. Esta situación es la más fácil (e improbable viniendo de una madre narcisista). Todos cometemos errores y, si alguien nos lo hace saber empleando palabras y gestos adecuados, podremos estar convencidos de que esa persona nos está haciendo un favor, porque posiblemente no le resulte fácil comunicarnos su desagrado o recomendarnos un cambio. La respuesta "de Princesa" debe ser de acatamiento y agradecimiento, aunque nos duela reconocer que hemos metido la pata (a nadie le gusta equivocarse). A partir de ese momento, lo que debe hacerse es pedir perdón y reparar el daño, si es posible. Una princesa debe buscar el momento y el cómo hacerlo sin humillarse indebida e innecesariamente. *"Vaya, lo siento mucho"*, *"perdona"*, *"intentaré que no vuelva a ocurrir"*, *"puedo volver atrás y hacerlo de nuevo"*, serían respuestas apropiadas.

2º. SIN RAZÓN Y FORMAS ADECUADAS. En esta situación es fundamental mantener la calma para argumentar a nuestro favor. Una madre narcisista puede decirnos el peor de los insultos con palabras endulzadas: *"No, si tú nunca has podido hacer nada bueno"*, o *"es triste para una madre saber que no puede contar con su hija para nada"*, o *"lástima que no seas como tu hermana"*. Ante estas críticas, la niña-víctima siempre se ha preguntado si realmente su madre tiene razón. Una vez que la mujer-víctima ha pasado por la terapia de grupo y ha visto cómo otras víctimas han sufrido los mismos desprecios, está preparada para captar los que tanto se repiten en su vida y juzgarlos como inmerecidos. Ser consciente de ello no basta para tener la capacidad de dejar de llorar cuando ocurren. Por eso se sugiere a las víctimas que respondan siempre desde su perspectiva de ser injustamente tratadas en lugar de guardar silencio. No es que sirva para que la madre narcisista cambie de opinión, pero sí para dejar constancia ante sus ojos de que su pequeña ha cambiado y ya no acepta su veredicto sin rechistar. De esta manera, una verdadera princesa respondería algo como esto: *"esa es tu opinión, pero yo sí creo haber hecho muchas cosas buenas"*; *"sabes muy bien que has contado y cuentas conmigo para casi todo lo que puedes necesitar"*, *"no soy como mi hermana, pero puedo ser hasta mucho mejor que ella en muchos aspectos"*.

Esta manera de replicar a la crítica seguramente sorprenderá a la madre narcisista y saltará con cualquier otra crítica. No sirve de nada intentar acallar a alguien acostumbrado a quedar por encima del otro en las discusiones. Una vez dicho aquello que nos sirve de réplica, lo mejor es abandonar el lugar lo antes posible. Esto no debe interpretarse como una huida, simplemente, sino como un ponerse a salvo.

3ª CON RAZÓN Y FORMAS INADECUADAS. Esta situación es más difícil que la anterior porque a las víctimas se las "bloquea" empleando formas inadecuadas. Para ellas, emitir un simple sonido como respuesta es difícil si no es "sí, mamá". Cuando la madre entra gritando en su cuarto porque su hija no ha hecho lo que ella le encomendó, de la manera que ella lo quería, o ha olvidado acudir a recogerla, o emplea palabras malsonantes o frases insultantes, la atención de la víctima suele ser absorbida por completo. Está a merced de los gritos y los desprecios de su madre y no sabe cómo pararlos. La respuesta de una Princesa debe ser en primer lugar de reconocimiento de que nadie que cometa un error merece un trato denigrante, por lo que debe poner fin cuanto antes al mismo. Debe ser tajante y pedir un cambio inmediato: *"baja la voz"*, *"no me hables así"*, *"deja de insultarme"*. Si su madre no cede en ello, debe abandonar el lugar donde se encuentre. Si es por teléfono, debe colgarlo, advirtiendo en ambos casos de que lo va a hacer: *"si no te callas ya, me voy"*, *"si no dejas de insultarme, te colgaré"*.

A las víctimas le cuesta dar este tipo de soluciones radicales, pero se les dice que si son Princesas verdaderas, su misión es poner su "realeza" en el lugar que le corresponde. Una princesa NUNCA debe aceptar un trato vejatorio, aunque se le haya sorprendido metiendo el dedo en el pastel. Y cuando el tono de voz de su madre baje, debe levantar su cabeza y llegar a un "acuerdo parcial", ya que si ha actuado mal, seguro que ni ha sido adrede, ni pretendiendo hacer un mal, como su narcisista madre pretende hacerle creer. Frases como *"sí he hecho eso, pero no pretendía hacerte daño"*, *"sí que lo he olvidado, pero no ha sido porque quisiera dejarte plantada"*.

Y esta solución se aplica también al punto 4, la más complicada de todas:

4º. SIN RAZÓN Y FORMAS INADECUADAS. En esta posible situación, la madre está cargada de argumentos por los cuales puede "machacar" a su hija; y esta, de motivos por los que sentirse culpable. Es posible que la princesa se encuentre en un atolladero de difícil solución. Su capacidad de respuesta está mermada por la imposibilidad de contraargumentar. Lo que aquí se recomienda es poner la atención en primer lugar a las formas, como en el apartado anterior. Como en este caso la madre no tiene razón, pero no va a aceptarlo nunca (como ya hemos visto, ellas nunca se equivocan), lo más sensato es dejar *colgada* la conversación hasta que pase su ira y la víctima pueda recuperar fuerzas. La vía de la ira no suele dar buenos resultados en el mundo real, y menos aún con las madres narcisistas, por lo que es importante plantar cara sin hacer aspavientos. Dar media vuelta o colgar el teléfono (avisando), como hemos visto antes, es la opción más favorable. Otra táctica eficaz es decirle que va a esperar a que se calme para proseguir con la discusión. Demorar la conversación hasta que la madre recupere la calma puede suponer un periodo de tiempo prolongado al que hay que habituarse. La madre puede tomarse la petición de *tiempo-fuera* como una ofensa; y ella no perdona. O bien, si le interesa, puede reanudar el contacto al poco tiempo, pero nunca reconocerá que sus formas no eran adecuadas y culpará de ello a su hija.

Para hacer valer la estrategia de *tiempo-fuera*, la hija debe dar mensajes "yo". Este tipo de mensajes se emplean para favorecer la comunicación no culpando directamente al interlocutor de lo que nos está ocurriendo. Se componen de sentimientos propios que se ponen de manifiesto en ese momento, en esa situación. Un ejemplo de mensaje-yo usado en este contexto es: "*Mamá, me estoy sintiendo muy incómoda al ver que no aceptas mi versión de lo que ha pasado, por eso me voy a la compra y luego hablaremos de ello, cuando tú quieras*". O bien, "*me estoy sintiendo muy confusa porque te enfades por esto, me siento mal y prefiero que hablemos luego del asunto*". En ese momento, la hija se sentirá más aliviada si abandona la discusión.

Combinar habilidades del entrenamiento asertivo como son el acuerdo parcial, la petición asertiva de pequeños cambios y la técnica del "disco rayado" puede resultar muy útil para no nadar en el terreno pantanoso de la discusión con una madre narcisista.

Naturalmente, estas habilidades hay que entrenarlas y el grupo es el lugar idóneo para hacer *role-playing* sobre las críticas negativas. A partir del entrenamiento en responder a las críticas, la PRINCESA va tomando el lugar que le corresponde. Sin ser entrenado específicamente, he observado que se produce un cambio en el arreglo personal: maquillaje, vestimenta, color del pelo o peinados diferentes.

Las herramientas de empoderamiento para las princesas surgen también del propio grupo a raíz de la comprensión que unas víctimas tienen hacia las otras. Esta empatía las posiciona en un lugar diferente, ya que no se sienten tan solas e incomprendidas. El apoyo del resto de la "realeza" también es positivo para su nuevo lugar en el mundo, ya que si otras víctimas han podido sacar a la luz a su Princesa, ella también podrá hacerlo.

Es frecuente encontrar en la última sesión gestos de "presunción" que marcan la diferencia: "ya soy capaz de…".

La estructuración de sesiones grupales se hizo en un principio para que cupiera en 4 sesiones de dos horas y media. Ahora estoy planteando que la Terapia de Princesas, para que sea eficaz, precisa al menos de dos a cuatro sesiones más.

V. RECONSTRUCCIÓN.

Es en la quinta y última sesión donde se abordan los dos campos que faltan para el tratamiento de las víctimas de maltrato:

— EL TRABAJO DE LA DISCULPA Y EL PERDÓN, y
— ALEJAMIENTO DE LAS RELACIONES TÓXICAS.

Es muy difícil que una hija abandone a su madre, por muy narcisista que esta sea. Sus sentimientos de culpa se lo impiden. Aunque a veces es necesario poner tierra por medio, este alejamiento siempre es muy mal tolerado y la víctima necesita mucho apoyo por parte del terapeuta, de su entorno familiar y de sus amistades para afrontarlo.

No debe culparse a las hijas que no se alejan de sus madres maltratadoras. Conocer cómo se las han apañado las madres para controlar a sus hijas nos resulta útil para reconocer cómo se las siguen apañando aún hoy, cuando ya no viven con ellas. Esta distancia intelectual marca una diferencia sustancial y nos acerca a las madres como si en lugar de estar por encima, estuvieran por debajo. No podremos controlar su conducta, ya afianzada durante años de repeticiones, pero no nos sorprenderá.

El alejamiento protector sí debe ser incentivado, aunque sea a tiempo parcial. Para soportar una relación con la madre narcisista de la que no nos podemos zafar (por enfermedad, necesidad económica, codependencia o culpabilidad); puede ser aliviada con otras estrategias psicológicas. El no oír sus quejas y reproches, así como sus insultos o críticas, se puede conseguir si utilizamos la metáfora del "impermeable", técnica derivada de la conocida "banco de niebla" de Smith (1975) para la gestión de conflictos. En ella se pide a los pacientes que intenten atravesar las discusiones como si entraran en medio de una niebla espesa que se disipará en un tiempo prudencial. Se trata de utilizar todo el conocimiento que ya tiene la víctima sobre el narcisismo materno para construirse un halo protector y no sentirse afectada por las palabras maternas; en principio intentando que no traspasen a su conciencia, oyéndolas como si fueran olas marinas, viento en una chimenea, o lluvia fina en un impermeable de plástico. La metáfora "piedra gris", similar a lo propuesto, no me parece adecuada: cuando estás siendo atacada ya te sientes suficientemente mal como para convertirte (aunque sea metafóricamente) en una *piedra gris*. Es más sugerente ponerte un impermeable o gabardina de tu color preferido, con el que te sientas atractiva y, así vestida, resistas las críticas e insultos de tu madre. No responder es importante. Bastará decir: "vale, mamá", de vez en cuando, sin prestar demasiado interés a lo que te está diciendo o gritando. Si ella insiste, puedes abandonar el lugar, dejando bruscamente la escena, y quitarte el impermeable.

Si no hay más remedio que responder al tema de conversación que la madre insiste en tener, hay que emplear otras técnicas comunicativas, como son las respuestas no defensivas ("puede que tú lo veas de esa manera, pero yo no creo que sea así", "podemos dejar esta conversación porque no nos vamos a poner de acuerdo", "creo que tenemos puntos de vista distintos", son algunos ejemplos).

El perdón es posible cuando uno deja de recordar los agravios y siente que, a estas alturas de la vida, ella ya no puede hacerle daño. Al mismo tiempo, conseguir hacer las paces con la historia pasada de la relación es un proceso largo y a veces imposible. Pero si la víctima decide perdonar, puede creer falsamente que no lo ha logrado porque lo sigue recordando; y eso significa que no ha perdonado genuinamente. Es preciso aclararle que:

— El perdón no significa olvido de los agravios "como si no pasara nada": dado que los humanos tenemos memoria, en muchas ocasiones se verá invadida por recuerdos de episodios vividos que le evocarán sentimientos de tristeza, desazón o ira.

— El perdón es un acto moral, no psiconeurológico y, como en la naturaleza humana la memoria existe antes que la ética, no es suficiente el querer perdonar para provocar amnesia de lo vivido.

— Cuando el perdón genuino no llega porque es forzado y no se siente en toda su extensión, debemos recordar que no es imprescindible para seguir viviendo una vida plena, extrayendo lo mejor que los días nos ofrecen. Poner el punto de mira en los logros, en los afectos de quienes nos rodean, y en las pequeñas cosas que nos hacen felices, puede ser suficiente para compensar un pasado difícil.

A partir de los cimientos mencionados y de las habilidades comunicativas adquiridas, las Princesas pueden elegir la manera en la que se van a relacionar con sus madres. Esta decisión no le corresponde al terapeuta. No somos "nuevas madres" que se dedican a controlar y dirigir a sus hijas-pacientes. El respeto a su libertad de elección es la consigna que debe guiar nuestros consejos sobre el después de la terapia.

En resumen, los dos mensajes fundamentales de la terapia de empoderamiento que permite a una mujer ser libre, para Princesas que han sido víctimas, son:

— El primer deber de una Princesa es **protegerse**.

— El segundo, **exigir el mismo respeto que ella da a los demás**.

El resto de la transformación de víctima en princesa se fundamenta en estos dos deberes principescos. Sin ellos, es imposible reconstruir un presente de libertad y reconocimiento del sí-mismo.

Capítulo 8

LA VISIÓN DE LAS VÍCTIMAS:

Preguntas de las hijas de madres narcisistas

*Creo conocer muy bien el dolor que de niños apretamos
contra el pecho,
que dura toda la vida, con una nostalgia tan profunda que
ni siquiera
eres capaz de llorar. Lo agarramos con fuerza,
sí, con cada latido del corazón convulso:
esto es mío, esto es mío, esto es mío.*

Elizabeth Strout
Me llamo Lucy Barton

En los párrafos siguientes se citan preguntas que frecuentemente se realizan en las sesiones tanto individuales como grupales de las hijas de madres inadecuadas. Ante la evidencia de mirarse al espejo al mismo tiempo que miran a sus madres, la maraña de emociones y pensamientos contradictorios las lleva a formular preguntas concretas y directas sobre lo que les preocupa. Si tienen que reescribir su historia, con esfuerzo y paciencia, deberá ser con el total convencimiento de que no hay error esta vez. Por eso insisten una y otra vez en cerciorarse de lo que es correcto. Hacer lo correcto les exime de la culpabilidad que sienten cuando lo que tratan es de liberarse del peso que sus madres han depositado en sus vidas.

¿Lo hacen por equivocación, enfermedad, o por maldad?

La respuesta no es fácil de dar desde el punto de vista psicológico porque, técnicamente, la maldad es una cuestión ética y no describe comportamientos, sino que los califica desde el punto de vista moral. No obstante, las opciones de equivocación y enfermedad quedan descartadas. Los comportamientos narcisistas pretenden un fin y, por lo tanto, no son equivocaciones. La cuestión de lo que es o no una enfermedad, en lo que a los trastornos de la personalidad se refiere, está resuelta en la teoría más que en la práctica, dado que la conducta alterada podría ser considerada patológica. Es por su manera de ser y estar en el mundo por lo que "sufren y hacen sufrir", como expresó Kurt Schneider en 1923[1]. Sin embargo, parece existir un acuerdo entre los profesionales del comportamiento en que esa forma de ser, y la percepción alterada de su Yo y del Yo de los otros, no son una enfermedad propiamente dicha. La controversia no ha concluido. No obstante, sobre sus conductas tomadas una a una podemos decir que son voluntarias e intencionadas, por lo que nunca serán eximidas de responsabilidad ante un juzgado, si se vieran envueltas en un delito a causa de su narcisismo.

Recientemente, no obstante, se ha abierto un debate sobre la genética y el altruismo (lo contrario al narcisismo). El llamado "gen del altruismo" parece mediar en el comportamiento egoísta/altruista[2]: En diciembre de 2008, la Universidad de Jerusalén lanzó un comunicado en el que afirmaba que la generosidad estaba determinada genéticamente por un gen. El profesor Ariel Knafo —cuya labor investigadora se enfoca en comprender el desarrollo y las consecuencias de los valores y la conducta prosocial—, en colaboración con otros científicos, realizó un experimento online que incluía la tarea de elegir entre regalar dinero o no, descubriendo que las personas más generosas diferían genéticamente de aquellas que elegían no entregar su dinero. En total, 203 voluntarios (hombres y mujeres) se prestaron a la prueba —realizada con un juego de ordenador—, en la que a cada uno de ellos se le destinó 12 dólares para que los regalaran, en parte o en su totalidad, a otro participante anónimo. Estos voluntarios entregaron también muestras de ADN a los científicos para que fueran analizadas en laboratorio y cotejarlas con sus reacciones. De esta forma, se descubrió que aquellos individuos con algunas variantes en un gen denominado AVPR 1a entregaban un 50% de media más de dinero que aquéllos que no presentaban dichas variantes.

No se ha encontrado, sin embargo el "gen del narcisismo". Pero aunque así fuera, la genética solo intervendría en una predisposición al egoísmo. La predisposición genética a padecer un trastorno no implica que el destino sea inexorable para la persona. La interacción con el ambiente es fundamental. Y si no, que se lo digan a James Fallon, el "psiquiatra psicópata". Según cuenta él mismo[3], descubrió que su cerebro era el de un psicópata por casualidad, cuando el profesor de neurología de la Universidad de California Irving (UCI) estaba estudiando las tomografías cerebrales de asesinos psicopáticos. Como parte de un estudio paralelo, Fallon también examinaba los tomogramas de miembros de su propia familia. *"Cuando me las trajeron, las miré rápidamente, no tenían nombres, y miré toda la pila, y eran bastante normales. Me sentí muy aliviado"*, cuenta Fallon en conversación con la BBC. *"Pero entonces vi un último escáner que parecía real-*

mente patológico, y llamé al técnico y le dije 'mira, este se mezcló, este pertenece a los asesinos', se parecía a los peores casos que había visto", —dice el científico. Era el suyo. Después de un tiempo, Fallon decidió seguir investigando, se sometió a varias pruebas genéticas, advirtiendo la presencia de todos los alelos —o formas alternativas que puede tener un gen— coincidentes con un alto riesgo para la agresión, la violencia y la baja empatía, del tipo a las variaciones del gen MAO-A, que ha sido vinculado al comportamiento agresivo. Sin embargo, Fallon no ha matado a nadie ni hace el mal. Tiene esposa y tres hijos, investiga y ha escrito dos libros: *Virga Tears: The True Story of a Soldier's Sojourn Back to Vietnam* ("Lagrimas de Virga: La verdadera historia de la estancia de un soldado de vuelta en Vietnan"), en 2001 y *The Psychopath Inside: A Neuroscientist's Personal Journey Into the Dark Side* ("El psicópata dentro: un viaje personal del neurocientífico al lado oscuro"), en 2008. Fallon afirma que su psicopatía no se ha "activado" porque recibió mucho cariño durante su infancia y su familia ha sido un hogar feliz.

En conclusión, desde un punto de vista ético, es "por maldad" por lo que las madres narcisistas actúan instintivamente, tejiendo una tela de araña alrededor de sus víctimas para que les procuren el bienestar del que se creen merecedoras. Su arma principal es la manipulación de todo tipo de elementos y esto siempre procede de un plan estratégico definido a priori. Pero desde un punto de vista psicológico, podemos asumir que no son conscientes de que su comportamiento es "malvado". Su trastorno de personalidad, basado en un yo inseguro, se asocia a conductas que palían sus déficits creando un universo propio, donde ellas son las reinas indiscutibles: su familia. El que nos decantemos por una opción ética, o por otra psicológica, nos llevará a tomar un partido hacia la madre. Considero que las hijas deben meditar estas opciones y elegir una, otra, o ambas. Pensar que tu madre tiene un gen egoísta exacerbado puede ayudar a entender su comportamiento hacia ti y dejar de culparla por todo el sufrimiento que te ha causado durante tu vida. Si no consideras que la presencia de un gen es suficiente explicación para su conducta, podrás optar por lamer tus heridas, vivir tu vida sin su influencia y potenciar todas tus virtudes.

¿Por qué lo hacen?

La respuesta es similar al por qué hacen lo que hacen las madres tóxicas: por conseguir EL CONTROL sobre su mundo. Querer reinar en su ámbito de influencia hace a la mujer narcisista una pequeña tirana. Ella decide a quién y a quién no "amar" o despreciar, premiar o castigar. El tamaño del reino no importa, igual que el número de sus súbditos. Las madres narcisistas son las dictadoras o "majestades" de un reino pequeño, pero majestades al fin y al cabo. Como tales, ejercen un poder ilimitado sobre todos los habitantes de su reino. Sin recibir clases de cómo reinar como dictadoras, hincan sus uñas en sus presas para que estas no puedan escapar.

El que el control sea algo placentero no es nuevo en psicología. De hecho, es una cualidad adaptativa: para poder sobrevivir, nuestra especie ha tenido que recurrir a estrategias muy variadas para controlar tanto el ambiente natural como el social y, por tanto, el familiar. El control es reforzante en sí mismo. En las personas narcisistas no hay nada especial o raro en cuanto al uso de la conducta para conseguir ese control, pero sí en su topografía y en la prioridad que conceden a ese control. Su creencia en que ellas merecen tener la hegemonía por encima de otras personas es lo que las sitúa en el límite de la inadaptación social, por lo que recurren a la mentira y a la negación de este hecho. Con estos ingredientes (necesidad de control, engaño y disimulo) se forma la urdimbre del tapiz del narcisismo.

¿Por qué yo?

El que la víctima sea elegida como tal no siempre tiene una razón lógica y no hay un patrón uniforme. A veces es la mayor, otras veces es la pequeña. Cada una de ellas debe indagar en los posibles motivos por los que su madre la señaló como la que iba a ser el foco de sus iras y la "Cenicienta" del cuento familiar.

A pesar de que no es fácil encontrar un único motivo, hay una cuestión que se repite con frecuencia en estas familias: la hija es la preferida del padre.

> *Encarnita recuerda cómo su padre la adoraba, a pesar de que lo veía muy poco: su madre la acostaba justo antes de la hora en la que él volvía del trabajo.*

Ser la preferida del padre es un serio inconveniente para vivir con una madre narcisista porque la hija se convierte en rival, sin pretenderlo. La Reina de Corazones no es sino la madre, y no puede haber un sistema solar con dos soles, por pequeño que sea el segundo sol.

A veces, el motivo para ser elegida es el parecido físico con la familia paterna, o bien el ser la única niña en una familia de hijos varones; o bien el ser dócil y débil. Por uno o varios de esos motivos, la elección se hace tempranamente y la víctima tiene pocas posibilidades de escapar al destino que su madre le marque.

Esta pregunta se asocia a otra relacionada íntimamente con los motivos del por qué las cosas han funcionado de manera anómala en el hogar de las víctimas.

¿Cómo he salido yo así y mi hermano (o hermana) es todo lo contrario?

En las familias de las madres narcisistas los roles suelen asignarse en función de la determinación materna: ellas eligen quién va a hacer de cuidadora y quién será el "Chico de Oro"; pero en otros casos esa determinación de roles depende de la personalidad o predisposición genética de los hijos. Si un hijo es de carácter impulsivo debido a su herencia o su personalidad es *externalizadora*, y su crianza resulta difícil, puede encontrar que los padres se vuelquen en él, en detrimento del hijo bondadoso.

¿Sienten placer con lo que hacen?

Indudablemente. Como ha quedado patente en la pregunta anterior, la percepción de control es reforzante y, por tanto, placentera.

Tamir, Zaki y Mitchell (2015), en la Universidad de Harvard, diseñaron una serie de experimentos para demostrar que hablar de uno mismo es placentero. Ellos lo aplicaron a la adicción a las redes sociales, pero este hecho es aplicable a la necesidad que algunas personas muestran de ir al psicólogo para "ponerlo al día" de los detalles de su vida, sin mostrar ningún interés por cambiar. A nivel neuronal, cuando se informa a otras personas, se estimulan zonas cerebrales asociadas con la motivación y la recompensa, incluyendo el núcleo accumbens y el cortex ventromedial prefrontal.

En el caso de las personas con elevado narcisismo, es cuando no pueden "reinar" a su gusto cuando se sienten frustradas e incomprendidas. Mientras que sus súbditos obedezcan sus designios, o soporten sus humillaciones, o toleren el rol que ellas les asignen, todo irá sobre ruedas y no se quejarán. En caso contrario, tendrán que soportar su retirada, su desprecio y sus reproches. Estas conductas maternas actuarán como reforzadores negativos y, desde ahí en adelante, todos los que rodean a la persona narcisista intentarán evitarlos haciendo justamente lo que ella quiere: dejarse controlar. De esta manera tan *clásica* (desde el punto de vista del condicionamiento operante) y conocida por los psicólogos, las pautas de comportamiento familiar se van estableciendo, afianzando y generalizando a otras conductas. Pasado el tiempo se convierten en hábitos, y la pareja y la familia ya tienen marcado un sistema de comunicación definido: el narcisismo materno.

Cuando llega un nuevo miembro a la familia (una nuera, por ejemplo), se podrá asombrar de cómo la *materfamilias* marca las pautas y las normas, sin poder hacer nada por cambiarlo.

¿Aman realmente a alguna persona aparte de a sí mismas?

Presumen de amar más que nadie, pero no es cierto. Si las oímos, nos convencerán con sus cantos de sirenas, pero si observamos sus conductas, tomaremos conciencia plena de cómo mienten cuando hablan de ello y lo mucho que dañan a su familia.

Cuando Joaquina dio a luz a su hijita —de padre desconocido para su madre, la abuela de la nenita— no llevaba al hospital ninguna ropa de bebé. La abuela supuso que quería darla en adopción e insistió en que entre ambas mujeres podrían criarla sin problemas. Se equivocaba. Joaquina utilizaba a su hijita para dañar a la abuela de múltiples maneras: le prohibía acercarse a ella, o la dejaba estar cinco minutos solamente, bajo amenaza de duros castigos. Los Servicios Sociales le retiraron la custodia cuando la niñita tenía 10 años por suciedad extrema y desamparo, aunque la abuela nunca dijo nada de esto. Si algún conocido de la familia le preguntaba, Joaquina argumentaba que pronto se la iban a devolver porque ya trabajaba y la niña quería estar con ella. Exponía sus razonamientos con tanta vehemencia que casi convencía a las personas interesadas por su relación, aunque eran falsos, y ella jamás recuperó la custodia de la niña.

A pesar de las habituales conductas despectivas y el maltrato hacia una hija determinada, algunas pacientes sí notan que sus madres aman a sus demás hijos (o ellas creen que los aman), sobre todo a la hija más parecida a ella y al hijo, o al nieto, varones. La descripción que hacen las pacientes, nacida desde el dolor de quien ha sufrido una gran injusticia, es la de alguien que no las ha querido a ellas como se suponía que debían hacerlo, pero que sí han mostrado amor a otros hermanos. Es posible que su renuncia solo se produzca en condiciones anómalas, como son estas, o que el amor a los hijos no victimizados no sea duradero. O bien, contra todo pronóstico, son capaces de sentirlo solo con quien ellas elijan. Si este amor es verdadero o es una mera manipulación o un juego, queda en cuestión.

¿Son conscientes del daño que provocan en sus hijas?

No puedo responder a esta pregunta con seguridad. No he podido entrar en el alma de las madres narcisistas, por lo expuesto anteriormente, para llegar a la convicción de si lo son, ni de que no lo sean, pero las propias víctimas responden que sí son conscientes porque a veces ellas han abierto su corazón a su madre y no ha servido de nada. Sin embargo, hay que considerar que, como se ha expuesto anteriormente, cuando los narcisistas manipulan, se sienten satisfechos. Que piensen que ello es malo, o que hagan daño, es irrelevante: lo primero es lo primero, ellos mismos. Además, la palabra "daño" no es algo que una persona narcisista pueda reconocer, si no se le aplica a que quien lo sufre es ella misma. El mecanismo defensivo de "negación" es muy potente en las personas narcisistas. Ellas son perfectas y la gente perfecta no hace daño a nadie, todo lo contrario. Y si en algún momento lo hacen es porque la situación lo requiere, pero ellas no lo eligen así y se justifican sobradamente.

¿Debo alejarme de mi madre?

Para manejar el sentimiento de ineficacia para romper los lazos patológicos con la madre narcisista se invita a las hijas que no se alejen de una forma tajante y definitiva. Como ya se ha mencionado antes, el alejamiento de las figuras que deberían haber sido protectoras no significa que deban cortar la comunicación totalmente, sino "ponerlas en cuarentena". Y esto se refiere tanto a las llamadas y visitas como a sus peticiones. Algunas veces, sus frases y sus comunicaciones serán adecuadas y correctas y, otras, insultantes, dañinas o abusivas. Poner un *filtro* a lo que sus madres les comunican en cada interacción, les ayudará a sentirse eficaces y el no romper la comunicación radicalmente, a verse como las buenas hijas que han sido siempre.

Otras terapias propuestas para superar el daño de una madre narcisista, como la de Olga Fernández Txasco (2018) recomiendan el "*contacto cero*" como punto de partida. Esto no siempre es posible, sobre todo cuando la madre es demasiado mayor, o está enferma y necesita de los cuidados de su hija. Por este motivo, el "alejamiento protector" propuesto en este libro es menos discordante con los supuestos básicos de las víctimas y, por ello, más fácil de cumplir. El "alejamiento protector" es una medida de emergencia, pero no suele durar mucho tiempo. Las hijas de madres narcisistas tienen muy claro que ellas no se parecen en nada, o no quieren parecerse, a sus madres, por lo que no van a abandonarlas jamás. Seguirán a su lado mientras dure su vida, y sufrirán con sus enfermedades, e intentarán paliar sus necesidades en todo momento. La diferencia de saberse víctimas de ellas no cambiará su conducta, pero frenará el impacto de los desaires, críticas y desprecios que sus madres les dirigirán. Comprender su conducta aminora el daño sufrido y les permitirá, cuando este sea muy intenso o frecuente, volver a hacer una retirada en un nuevo "alejamiento protector".

No obstante, un pequeño porcentaje de víctimas de madres narcisistas afirma que no quieren ya a sus madres, que no les afecta la distancia y que prefieren incluso que se muera. "*La odio*", dijo una paciente en el grupo. Pero luego añadió que la única persona que había estado a su lado en el momento de su muerte había sido ella, que la arropó, le dio agua y la acompañó hasta su último suspiro. Es frecuente encontrar sentimientos y acciones muy contradictorios en las víctimas y mi postura ante ellas no es marcarles el camino que yo consideraría adecuado. Mi posición terapéutica ante la contradicción es dejarla estar, si no plantea problemas más graves. A lo largo de la terapia, cuando la víctima va descubriendo que ha sido objeto de una manipulación materna y ha sobrevivido a pesar de ello, haciéndose a sí misma a pesar de las dificultades, el cambio progresivo en su personalidad se va haciendo patente. El proceso es largo y requiere cambios profundos en sus hábitos de comportamiento, pero el resultado es siempre positivo.

¿Cuándo se acaba esto? ¿Con la muerte de mi madre?

No. Cuando un niño ha vivido situaciones de desamparo, su psiquismo queda comprometido y necesitará recibir de su entorno la seguridad que le faltó en su infancia. El vacío que una madre narcisista ha creado en el corazón de sus hijas nunca podrá colmarse del todo si no lo sustituimos por los nuevos regalos que la vida nos va otorgando.

Tras la muerte de su madre, Emilia ha vuelto a tener contacto con su familia paterna. Su madre había impedido que Emilia y sus familiares se vieran, se visitaran, o que acudieran a las celebraciones y actos importantes en sus vidas. Ella busca a sus tías y primos, quienes le cuentan la verdadera historia de su madre, muy distinta de la que presumía: que no se casó por amor, sino por no quedarse soltera; que su primer novio la dejó cuando vio su verdadero carácter; que nunca había trabajado como presumía de haber hecho; que un día, cuando se hartó de fregar la gran olla donde su madre hacía la comida para los once hermanos que eran, la tiró por un barranco para no fregarla más; y anécdotas similares que le están descubriendo hasta qué punto su madre le ha mentido durante toda su vida.

El saber "la verdad" de una madre narcisista en un principio causa una mezcla de dolor e indignación. Sin embargo, como en cualquier mala experiencia de la vida, las personas salimos a flote si aprendemos a hacer lo posible por recuperarnos. Suelo decirles a mis pacientes que los supervivientes de los campos de exterminio nazis (la palabra *maltrato* se queda muy pequeña para describir lo que allí ocurrió) han sido capaces de ir a Israel, enamorarse, trabajar, formar una familia y crear un país del que sentirse orgullosos. Por lo tanto, ellas podrán hacer algo semejante con sus vidas si se ponen a ello.

¿Se tiene para ellas un tratamiento eficaz? ¿Cambiarían si se sometieran al tratamiento?

La respuesta es no, aunque acudan (algunos pacientes han llevado a sus madres) a un terapeuta. El tratamiento de estas personas es difícil. En primer lugar, la "conciencia de enfermedad" es nula; en segundo lugar, ningún fármaco ha sido siquiera ensayado para "corregir" este tipo de comportamientos. En cuanto a la psicoterapia, como se verá más adelante, las dificultades de conciencia del problema y el propio trastorno hacen casi imposible una terapia eficaz. Gibson (2015) mantiene que las víctimas se aferran a la fantasía del cambio y esperan el día en el que sus padres los acaben amando. Muchos de sus pacientes se preguntan si sus padres tienen alguna posibilidad de cambiar. Ella responde que "*eso depende de si estos están dispuestos a reflexionar sobre cómo son y cómo se muestran, lo que constituye el primer paso para cualquier cambio. Desgraciadamente, si los padres no muestran interés en darse cuenta del impacto que tiene sobre los demás, no tendrán el empuje para mirarse a sí mismos; y sin esa reflexión, no hay manera de cambiar*" (p. 73).

En la última sesión grupal, curiosamente, la pregunta vuelve a hacerse en un intento desesperado por "reparar" la vida de la agresora. Tal es la esperanza de las hijas en tener una madre verdadera. Aceptar a su madre como es, con sus defectos, pero sabiendo que la vida tampoco ha sido justa con ellas, ya que no les dio la capacidad de amar a sus hijas, es fundamental. No tiene sentido que las juzguen. Si sus madres se han erigido en jueces de lo que está bien o mal, tanto para su vida como para la vida de las demás personas, ellas no deben hacer lo mismo. Sus energías deben dedicarlas a protegerse de más daño, no a hacer justicia.

¿Qué clase de personas somos para haber aguantado tanto?

Las víctimas no eligen serlo. Nunca, en ningún caso, lo hacen. Tampoco eligen tener unas características personales que hacen que la madre la "elija", y no es *culpa* suya. Sin embargo, ellas necesitan comprender qué procesos psicológicos subyacen en su falta de reacción ante el abuso y, qué hace que el fenómeno se haya perpetuado durante todas sus vidas conscientes.

En primer lugar, podemos ofrecer explicaciones parciales al fenómeno y citamos fenómenos básicos como son los heurísticos, o sesgos cognitivos, "atajos" que todas las personas tenemos cuando interpretamos la realidad en la que vivimos. No son útiles para tomar decisiones cuando la información es limitada, o cuando es necesaria una decisión rápida. Todos los seres humanos "caemos" en usar los heurísticos porque nos son sumamente útiles y nos han permitido actuar con rapidez (y sobrevivir) en un mundo incierto y cambiante. Los heurísticos básicos son:

- El de **anclaje**: si en el momento de decidir, no dispones de suficiente información, te acoges a cualquier dato que tengas a mano.

- El de **disponibilidad**: la memoria no baraja toda la información en su totalidad, sino que sigue unas reglas de recuerdo. Es más accesible lo más reciente o lo más relevante.

- El de **representatividad**: crear estereotipos. Permite que nuevos estímulos recibidos por un sujeto sean clasificados de manera eficiente, comparando los rasgos de ese nuevo estímulo con los ya existentes en un determinado prototipo o categoría.

- El **exceso de confianza** o excesiva autoconfianza.

- El **optimismo irreal**: sucede cuando se sobreestima la posibilidad de un evento favorable y se subestima la de un evento desfavorable.

Estos dos últimos conforman el fenómeno *Dunning-Kruger* (1999) que viene a constatar que no somos capaces de reconocer nuestra incompetencia y nos lleva a autoevaluaciones infladas sobre nuestros actos. Las personas con alto narcisismo son el prototipo de este fenómeno.

- La **ilusión de control**.

- La **extrapolación**: creer que los recientes cambios van a perdurar en el futuro, o que si algo ha funcionado en una ocasión, lo hará en todas las ocasiones.

- La **confirmación** o "selección-apoyo": centramos la atención en lo que se reafirma en lo que ya hemos elegido. Sobreponderamos la información de nuestras posturas previas e infraponderarmos la información que las rechaza.

- El **conservadurismo**: no tomar en cuenta la información reciente y persistir en la creencia en los datos de los que disponías previamente.

- El **afecto**: el afecto eliminará los datos negativos de la persona a la que amamos.

- La **categorización**: una vez que creamos una categoría, no apreciamos las diferencias entre los elementos que integran esa categoría.

- El **status quo**: predisposición a la inacción antes que a la acción, tal vez por temor al arrepentimiento si tomamos una decisión equivocada.

Todos estos heurísticos pueden contribuir a que una víctima, que no padece un estado depresivo necesariamente, deje de luchar contra la situación o la persona que la está agrediendo.

Se han dado muchas otras posibles respuestas a por qué se da el fenómeno de victimización, entre las que se encuentran "el vínculo traumático" (Dutton, 1995) y la adicción a las hormonas del estrés producidas por este vínculo.

El vínculo traumático fue descrito por su autor para describir la relación de pareja entre un maltratador y su víctima, basándose en la teoría del apego de Bowlby (1951). Siguiendo a Fernández Txasko (2018), se basa en dos parámetros fundamentales:

- ***Desequilibrio de poder***. *El maltrato, lo entendemos como una relación de poder asimétrica, en la que una persona genera una relación de coacción, poder y daño frente a otra persona. Lo que explica esta teoría es que cuando una relación es asimétrica, cuando existe un desequilibrio entre ambas partes, empieza a aumentar la valoración negativa de la parte desfavorecida, aumentando así su dependencia de la fuerte. Tiene su lógica el asunto: si yo me siento vulnerable, no válida, necesitaré de alguien que me dé esta valía.*

- ***Intermitencia del maltrato***. *Esto puede explicarse a través de las fases de la violencia (acumulación-explosión-endulzamiento). No sabes cuándo podrán maltratarte. La fase* *de endulzamiento te desconcierta y refuerza tu idea de "mi madre puede cambiar, puede ser buena", fomentando así la perdurabilidad de la relación ya que te crea la esperanza de que pueda cambiar. Esta conexión emocional intermitente produce gran desasosiego y confusión en la hija.* (p. 66)

La principal razón de que las víctimas de maltrato soporten durante años las humillaciones es por un fenómeno psicológico denominado "disonancia cognitiva" (Festinger, 1957), según la cual nos autoengañamos para reducir el conflicto que supone amar a alguien y ver que ese alguien se porta mal con nosotros. Secundariamente a los esfuerzos, algunas hijas creen que parte de la culpa es suya. Les resulta difícil creer que ellas no han hecho nada para merecer el trato recibido.

Otra hipótesis explicativa del fenómeno de por qué las víctimas de maltrato no se rebelan es el paradigma de refuerzo variable (refuerzo intermitente). El reforzamiento intermitente es un proceso de aprendizaje que subyace en el "vínculo traumático". Como dictan las teorías del aprendizaje operante, el reforzamiento intermitente (de razón o de intervalo) es muy resistente a la extinción. La víctima obtiene un reforzador (atención, fundamentalmente), pero solo de cuando en cuando, alternado con desprecio y humillación. Debido a ese reforzador, valiosísimo para ella, es capaz de aguantar los periodos de escasez y maltrato.

La culpabilidad no siempre parte de algo que hayan hecho mal, sino del mismo hecho de no haberse rebelado, o no haberlo hecho a tiempo.

La conciencia del tiempo perdido es un tema común a todas las terapias y no debe evitarse porque puede ayudar a las víctimas a hacerles comprender que cuando una persona es elegida por una madre narcisista, tiene pocas opciones de actuación. En principio, los lazos que la unen a su madre son los más fuertes que existen en el mundo biológico. Durante toda su vida han estado intentando cumplir con el mandato de la naturaleza de formar apego incondicional a su madre, y este hecho es loable. Mantienen una creencia básica que las hace parecer malas ante sus ojos: "*Las niñas buenas no hablan mal de su mamá, ni se enfrentan a ella*". Ahora ven que ese mandato solo les ha traído problemas y se sienten ridículas por haber aceptado obedecer a pesar de su sospecha de que no era lo correcto para "*hacer las cosas bien*".

¿Cómo he podido criar a mis hijos con cariño si de mi madre no he aprendido cómo hacerlo?

"*Yo sólo tenía segura una cosa: no quería ser como mi madre*", —decía Aurelia. Este convencimiento de *lo-que-no-debe-ser* se obtiene por oposición vivida en contacto con *lo-que-sí-debe-ser*. No basta con envidiar a las amigas que tienen otras madres, porque la envidia genera resentimiento y no garantiza que se pueda introyectar un aprendizaje vivencial que permita construir un afecto genuino.

No es infrecuente encontrar en las historias personales de las víctimas una figura materna sustituta, a la que he llamado previamente "el Hada Madrina": una abuela, una tía, una vecina. Es su afecto lo que ellas aprenden y lo que son capaces de transmitir. Las Hadas Madrinas son desprendidas y aparecen oportunamente cuando se las necesita, son incondicionales en su apoyo y, por lo tanto, guía y modelo a seguir en un futuro. Las hijas de madres incapaces de cuidar de manera adecuada, aprenden de ellas, y suelen guardar memoria de sus Hadas incluso cuando ya han desaparecido, dedicándoles un lugar importante en sus corazones durante toda la vida.

Los beneficios de la Terapia de Princesas desde el punto de vista de las víctimas

La eficacia de las intervenciones psicológicas precisa de una evaluación cuidadosa que debe ser diseñada con todas las garantías que ofrece la investigación científica. Esto aún no ha ocurrido porque el diseño de dicha investigación requiere de un protocolo que permita obtener el permiso de las comisiones hospitalarias tanto de Investigación como de Ética. No obstante, los resultados obtenidos hasta ahora son prometedores. Basándonos en los testimonios de las víctimas que han acudido a los grupos, se han podido recoger aportaciones diversas.

Al final de las sesiones de terapia pregunto a las integrantes de los grupos qué han obtenido de su asistencia a ellos. He aquí lo que me han respondido.

—*Como una descarga, más tranquila.*

—*Alivio, un soplo de aire fresco.*

—*No me siento tan bicho raro.*

—*Alivio, amor, comprensión.*

—*Puedes hablarlo con alguien, sin que te juzguen.*

—*¡Que me crean!*

—*Desahogarme. Ver que no somos las únicas.*

Adicionalmente, aquellas pacientes que regresan a consulta para sus revisiones rutinarias, suelen hacer comentarios de agradecimiento por habérseles permitido acudir a los grupos de terapia.

Los beneficios a veces dejan otro tipo de huella. El último día de terapia, Mara leyó un poema dirigido a su madre; quería compartir lo que sentía:

Anduve perdida,
a veces dando pasos que no fueron los míos,
con la tristeza, sintiendo cómo penetraba alma adentro
entre tu agobiante requerimiento y tu espléndida de-
 solación.
Así fui educada, entre la sal y la lágrima enterrada.
Me diste la fuerza de una soledad amordazada
y de tu mano mi infancia se perdió,
porque crecí como la rama desolada, vencida, quebrada,
hasta sentir astillas en mi sangre.
Avancé con valor fingido, entre la duda y el miedo.
Me enseñaste a tener un lugar alrededor de tu centro,
con tu atado, retorcido y empaquetado rencor.
Te quisiste resarcir conmigo y no te diste cuenta de que
 mi corazón,
contra esa estera, se estriaba,
se apartaba con el desgarramiento de lo huido.
Hubiera sido más fácil morir por ti que vivir contigo.
Me condujiste a un juego tenebroso y absurdo
en el que había momentos en los que se me escapaba tu
 verdadera identidad.
No sabría decir si tus sentimientos se negaban a obedecer
ese impulso de herir, quiero pensar que sí, que tu relación conmigo
obedece a algo que tú no puedes controlar.
Pero aun así no entendí en qué dirección mi amor por
 ti fue dirigido.
Todo quedó implacable y rotundamente invadido.
Con la oxidada bisagra de tu queja que crucificó mi
 tiempo.
¿Sustraerme? Tan difícil, eres mi madre.

Deslumbrante estuche de terciopelo.
Caudal henchido de silentes combates para salvarte
siempre.
Borrándome los ojos en la hondura de tus límites,
perdida en tu mundo extraño, donde no encontraré
nunca mi aliento.
Déjame solo pedirte, con esta ciega voz que me refirma,
que me dejes soñar con una paz de terciopelo,
que espero en el último caos un poco de amor y vivir...
porque ya no puedes herir mi última soledad.
Y te quiero, a pesar...
de que camino con mi dolor gastado y el silencio acu-
mulado.
Todavía viva, aún viva, mamá...

Capítulo 9

CUANDO ALGO NO CUADRA. LOS FALSOS POSITIVOS

> *El error médico tiene tres fuentes principales:*
> *—El simple azar que se entretiene en crear situaciones inesperadas.*
> *—La ignorancia personal o institucional.*
> *—La irresponsabilidad.*
>
> Alberto Moreno Lázaro[1]

La victimología no es una disciplina matemática y, a veces, produce falsos positivos (y falsos negativos, obviamente). Otras veces es el efecto que producen las expectativas del terapeuta lo que produce falsos positivos a la hora de diagnosticar un trastorno narcisista en una madre y, por ende, podemos incluir a alguien en el grupo sin que deba ser considerado víctima de este tipo de madres.

Se han descrito, en Psicología, dos efectos del terapeuta sobre los pacientes que pueden estar actuando en este sentido:

En primer lugar, Rosenthal, junto con Jacobson, estudió el efecto que lleva su nombre y que en ocasiones se ha denominado "efecto Pigmalión"[2] o "la profecía autocumplida" (Rosenthal y Jacobson, 1966). En esencia, el efecto se describe como la constatación de que las expectativas del experimentador (y por extensión, el terapeuta) influyen en el resultado final de la intervención (sea un experimento, un diagnóstico o una terapia). El interés del psicólogo se traduce en un cambio en su conducta verbal y en la no verbal, de manera que el sujeto capta inconscientemente este interés y se comporta como se supone que debe hacerlo, conforme a este interés. Este efecto ha sido demostrado también fuera de la investigación básica: tanto en educación y trabajo, como en psicología social, y en las interacciones entre personas.

El efecto Rosenthal, en el caso de los falsos negativos en victimología, se traduciría en que las expectativas del clínico sesgarían su atención hacia ciertas características del paciente y dirigiría más preguntas sobre el tema materno que sobre otros temas y aspectos de la vida del paciente. Por ello, podría hacerse una idea equivocada sobre la problemática real de la persona y, con ello, establecería un diagnóstico erróneo que lo conduciría a una propuesta de intervención inadecuada.

El otro efecto de sesgo del experimentador fue el descrito en 1973 por Rosenthan, al que no hay que confundir con el psicólogo anterior, se hizo famoso por su experimento sobre el ingreso en los manicomios en EEUU. Este curioso experimento tuvo varias fases, pero en esencia se trataba de demostrar que los ingresos psiquiátricos no se basaban en evaluaciones cuidadosas, y que bastaba con que una persona dijera que oía voces dentro de su cabeza para que lo ingresaran en un hospital psiquiátrico. Para demostrarlo, Rosenthan reclutó a distintos colaboradores "normales", algunos de ellos psicólogos[3], y los instruyó convenientemente para que acudieran a distintas instituciones psiquiátricas con la misma queja: "oigo voces", y una vez ingresados, observaran la conducta del personal. De sus observaciones nació el artículo "Estar sano en lugares insanos" (Rosenthan, 1973) en la revista *Science*. Este experimento, que impactó enormemente en la sociedad psiquiátrica del momento, supuso un hito en el diagnóstico psiquiátrico y representa un ejemplo prototípico de cómo las expectativas del observador (diagnosticador, en este caso) sobre un paciente, basándose en datos claramente insuficientes, puede hacer que tome decisiones erróneas.

Ante un caso aparentemente típico, es probable que nuestro entusiasmo por el tema nos haga obviar detalles importantes que hacen que el panorama cambie en su totalidad y nos fuerce a dar un giro en el planteamiento inicial.

> *Ángela es una mujer de 52 años. Está propuesta para el grupo de víctimas, pero acude a su revisión de rutina antes de que este comience. El tratamiento farmacológico que viene tomando durante años le ha hecho poco efecto y sigue estando muy triste, evitando salir a la calle para no encontrarse con conocidos, añorando a sus hermanas, que han roto las relaciones con ella, "envenenadas" por su madre. Le duele esto más que cualquier cosa porque ella cuidó a su madre desde que se quedó viuda hasta que murió, a pesar de que la ponía verde ante sus hermanas, la insultaba, la culpaba y la sometía a humillaciones. Era la pequeña y había sido el ojito derecho del padre.*

Todo parecía encajar a la perfección en un cuadro típico de maltrato de una madre narcisista hacia su hijita menor. Pero algo no cuadraba. La primera contradicción con la consideración de víctima era que este comportamiento de la madre no había ocurrido antes de irse a vivir a casa de Juana. La segunda, que durante el matrimonio, el que dominaba en la pareja era el padre, y la madre tenía un rol sumiso. La tercera, que nunca había tenido un comportamiento egoísta ni había delegado en sus hijas las tareas domésticas, o había cogido el dinero de su trabajo. Cuando indagué en cuáles eran los insultos que le profería a Juana, estos eran "*me estás engañando*", "*eres muy mala*", "*sucia, perra*", "*tú sabes lo que me estás haciendo sufrir*". Estas vaguedades (dichas a gritos a ella, y en voz baja a sus hermanas cuando iban a visitarla) las repetía a diario. No tenía ningún motivo y Juana estaba segura de que todo lo que había hecho por su madre era cuidarla con cariño y desvelo. Sin embargo, no ofrecía datos de que detrás hubiera una patología psíquica en su madre, y así lo determinaron los médicos que la veían en su enfermedad: un problema bronquial que la obligaba a tener oxigenoterapia y una demencia por infartos lacunares. Posiblemente, los insultos y la desconfianza fueran un síntoma de demencia. Cuando le expliqué a la paciente mis conclusiones al respecto de las delusiones y la demencia, Juana se tranquilizó mucho, no era su madre la que la insultaba, sino una anciana con demencia.

Rafael es un paciente ya conocido en la unidad de Salud Mental. Había terminado una carrera universitaria, pero se encontraba sin trabajo. Su diagnóstico ha variado en todo el tiempo que ha estado asistiendo a las consultas externas: desde un trastorno adaptativo a un trastorno obsesivo-compulsivo, pasando por distimia y trastorno depresivo recurrente. Cuando me ocupé de su caso, las quejas que relataba eran vagas, poco precisas, pero al igual que en lo que podía leer de su historia clínica, la madre y los problemas familiares se repetían. Al indagar sobre las relaciones con su madre, me dio mu-

cha información sobre el desapego que su madre le mostraba, y cómo él se había replegado a vivir sin apenas hablarle, temiendo las discusiones casi continuas que mantenían madre e hijo. Cuando lo incluí en el grupo, asistió a la mitad de las sesiones aproximadamente, siempre con un cuaderno para tomar notas, e intervino de forma irregular en ellas.

Varias ausencias a las citas hicieron que le diera el alta, mediante una carta, explicándole que en el sistema público no nos podíamos permitir el lujo de re-citar una y otra vez a un paciente que sistemáticamente faltaba a las citas.

Poco después, su médico de cabecera lo volvió a mandar a consulta. Durante la entrevista me confesó que la policía había acudido a su casa por una disputa importante que había tenido, pero que no lo habían detenido. También me dijo que había abandonado su actividad de colaboración con la iglesia a la que pertenecía por desprecio de sus miembros, que no contaban con él como sería lo adecuado y que, como no le daban trabajo, había tenido intenciones de llamar a las cadenas de supermercados para espetarles "¿es que no hay ningún trabajo para mí y sí para otros?". Echaba la culpa de su falta de autoestima a las mujeres porque no le hacían ningún caso.

A partir de entonces me planteé indagar más sobre su cuadro clínico y llamé a sus padres. El efecto halo me había contaminado y me precipité a la hora de proponerle el grupo, claramente. Nunca ha venido a consulta acompañado, por lo cual no puedo contrastar la información que él me ha dado. Hoy por hoy, no sé lo que le pasa realmente.

Otro caso fue el de Jimena, exdirectiva de una empresa, de la que había sido despedida de manera improcedente, y a la que se le detectó una psicobiografía compatible con ser víctima de una madre narcisista. El primer indicio de que su caso no estaba tan definido como yo creía surgió en el mismo grupo: fue increpada por otra paciente que le echó en cara que tenía que dejar hablar a las demás porque monopolizaba las sesiones de grupo con sus opiniones y sus anécdotas. El hecho de que podía tratarse de una personalidad narcisista surgió después, cuando pretendió que le diagnosticara una distimia unida a cleptomanía (me había confesado, en anteriores consultas, que estaba pasando tan mal momento que no le bastaba el sueldo de su marido y que, sustrayendo objetos de grandes superficies, sentía que "colaboraba" con la economía familiar; lo cual implicaba premeditación y una motivación preexistente para el acto delictivo). Ninguno de esos diagnósticos era aplicable a su caso, en realidad, y me resultaba difícil entender su descarada exigencia hacia mí, ya que siempre habíamos tenido buena relación. Me reclamó después que la mandara a un psiquiatra, sin dejar de mantener las consultas psicológicas, bajo presión de no moverse de la silla hasta que yo lo hiciera. Posteriormente acudió, sin cita previa, a pedirme un informe oficial para evitar ir a presentarse en el lugar donde se le había designado para examinarse de unas oposiciones a las que había postulado. El motivo que adujo es que el lugar estaba a casi trescientos kilómetros y ella no tenía dinero para pasar la noche en un hotel y, al estar tomando medicamentos psicotrópicos, no podía conducir. Decía haber ido a su sindicato y allí le habían dado la idea de solicitar mi informe para presentar al tribunal de oposiciones y cambiar la localidad para examinarse. Le sugerí que viajara en transporte público y se enojó: solo quería un informe para poder examinarse sin los inconvenientes que su situación económica le causaban y, además, lo pedía por consejo sindical. Llamé al sindicato y a la chica que respondió al teléfono le extrañó la idea, apoyó mi actitud y mis sugerencias. Cuando me negué rotundamente a darle el informe, pidió otro global, de toda su asistencia a las consultas, con un resumen de sus datos clínicos. Al señalarle el impreso para cumplimentar la solicitud, se fue muy airada: lo quería urgentemente, para ese momento, y no podía entretenerse en demoras.

¿Por qué no me di cuenta antes de que tenía delante de mis ojos un "trastorno narcisista de la personalidad" y que su tristeza inicial no era sino una "herida" a su narcisismo? No puedo responder porque cuando un terapeuta se encuentra con un cuadro depresivo, que en este caso tenía una causa próxima —la pérdida irremisible de un empleo al que no podría volver a aspirar—, le resulta complicado suponer que hay algo debajo de ese estado. Es como ir navegando y encontrar una mancha de chapapote y ver un petrolero cerca. Hay que ser muy sagaz para pensar que en el fondo del mar puede haber "otro" petrolero vertiendo crudo. Pero esto no es una excusa para no haber ahondado más en el asunto: las probabilidades de que los fenómenos psicológicos sean multicausales es la norma, no la excepción.

Hay una manera de evitar, en parte, estos efectos, además de introducir a un coterapeuta en las sesiones de evaluación, algo que encarece enormemente las consultas. Me refiero al uso de cuestionarios y otras pruebas psicológicas. El realizar pruebas psicológicas durante la evaluación permite ser más objetivo, y realizar juicios clínicos más precisos, que el no hacerlo. Aun así, es posible cometer errores, pero la probabilidad de hacerlo es inferior, claramente.

LA PREVENCIÓN:

¿Qué se puede hacer para no fomentar el narcisismo en nuestros hijos?

Despechado, el espejo que se enamoró de la adolescente:
"Ella sólo tenía ojos para sí misma".

Antonio Di Benedetto

Cuentos del exilio

Entonces debes enseñarle esta misma lección a mi hija.
Cómo perder la inocencia, pero no la esperanza.
Cómo reír eternamente.

Amy Tan

El club de la Buena Estrella

Que estamos en una sociedad cada vez más narcisista se ha demostrado en el primer capítulo. Ciertamente, el narcisismo ha estado presente en todas las épocas, y ha sido el motor y última razón de enfrentamientos tribales y guerras tanto locales como mundiales. No obstante, en la actualidad el chapapote del narcisismo invade a los individuos de la civilización occidental con una virulencia creciente y a velocidad de vértigo. El "estado del bienestar" ha supuesto un gran avance para la calidad de vida de los habitantes de los países del mundo occidental, pero los efectos colaterales no han sido previstos: se ha creado un sistema de creencias nuevo a nivel general que implica que todos nosotros, por el hecho de haber nacido aquí, somos poseedores de derechos sin fin, a cambio de nada. Ahora debemos reflexionar sobre si podemos frenar el transcurso de los acontecimientos, o no nos es posible. Acabar con el narcisismo social requiere un trabajo ingente y el primer estadio del cambio es tomar conciencia del problema. Nunca antes la sociedad ha llegado al umbral de narcisismo que se ha alcanzado en la civilización occidental.

Esperar a que el cambio venga desde arriba es absurdo. Los ciudadanos no vamos a renunciar fácilmente a aquello que se nos ha dado gratis. Por ello, si cabe una acción neutralizadora, no puede ser social, sino individual. El propósito de cambio de valores hacia el altruismo debe tener lugar en un proceso reflexivo. Apunto algunos conceptos para ayudar a dicha reflexión.

a) Fomentar el altruismo y la humildad.

La sociedad precisa de modelos de conducta altruista, alejados del egocentrismo y del deseo de reconocimiento infinito. En esta línea ha actuado el famoso director de orquesta Daniel Baremboin, al igual que el cantautor Marius Müller-Westernhagen y los directores Mariss Jansons y Christian Thielemann, que han devuelto los Premios Echo que les otorgaron por el motivo de que se les había entregado un galardón igual a los raperos alemanes Farid Bang y Kollegah por su álbum Jung, brutal, gutaussehend 3 ("Joven, bestial y guapo 3", en español), cuyos temas son xenóbobos, machistas y antisemitas[1].

Es extraño descubrir comportamientos "humildes", o de coherencia interna moral, en los sujetos famosos. Una excepción la marcó la manera en la que recibió el escritor catalán Eduardo Mendoza, un modelo de grandeza y humildad inusitada, el Premio Cervantes en 2017:

"No creo equivocarme si digo que la posición que ocupo, aquí, en este mismo momento, es envidiable para todo el mundo, excepto para mí (...) Porque un premio de esta importancia, tanto por lo que representa como por las personas que lo han recibido a lo largo de los años, no es fácil de asimilar adecuadamente, sin orgullo ni modestia. No peco de insincero al decir que nunca esperé recibirlo"; "Para los que tratamos de crear algo, el enemigo es la vanidad. La vanidad es una forma de llegar a necio dando un rodeo"[2].

Otra excepción a la regla del narcisismo entre los famosos es el tenista multicampeón Rafael Nadal. La prensa alaba su humildad a la hora de recibir los premios más relevantes del tenis mundial. En cada una de sus declaraciones se esmera en agradecer a todo el mundo el haberle ayudado a ganar los trofeos, incluidos contrincantes, voluntarios, directivos y público en general[3]. Si no es mediante la iniciativa individual de personas relevantes, la sociedad no será capaz de realizar una introspección adecuada sobre sus rasgos narcisistas, con lo que difícilmente se hará consciente de ello y, por lo tanto, no modificará su actitud. Sería deseable fomentar modelos de ganadores "humildes" que sirvan como modelo vicario al resto de la población.

Con humildad también hemos contemplado cómo gente adinerada aporta grandes sumas a la comunidad de la que proviene, como en el caso de Amancio Ortega y su millonaria donación para adquirir tecnología para el tratamiento del cáncer. La caridad y el altruismo no tienen por qué ir acompañados de actitudes humildes, aunque tampoco son excluyentes, y lo deseable (y habitual) es que vayan apareadas. Lo mismo ocurre con todos los casos de donaciones durante la crisis del coronavirus.

Estos comportamientos sirven de modelos sociales deseables y, si son tomados en consideración suficientemente, pueden lastrar la corriente narcisista que nos invade.

b) Reducir el uso de las nuevas tecnologías

Otra línea de intervención preventiva es incidir sobre la dependencia de la sociedad actual de las nuevas tecnologías, ya que produce un sentimiento de extraña esclavitud. Lash (1999) afirmó:

Nuestra dependencia creciente de tecnologías, que nadie parece entender o controlar, ha dado pie a sentimientos de impotencia y victimización. Nos parece cada vez más difícil lograr una sensación de continuidad, de permanencia o conexión con el mundo que nos rodea. Las relaciones con los demás son notablemente frágiles; los bienes están hechos para ser utilizados y después tirados; experimentamos la realidad como un medio inestable de imágenes parpadeantes. Todo conspira a favor de soluciones escapistas al problema psicológico de la dependencia, la separación y la individuación; en contra del realismo moral que posibilita que los seres humanos acepten los límites existenciales de sus poder y libertad (p. 298).

Lash se equivocaba en su primera frase, puesto que cada vez se entiende y se controla más el mundo de las nuevas tecnologías, empleando recursos humanos y materiales para producir cambios de conducta social e individual con distinto tipo de fines, no siempre saludables o beneficiosos, o basados en la libre competencia del mercado.

El apego que los niños y adolescentes (y muchos adultos) muestran ante las nuevas tecnologías va más allá del uso de las mismas como una herramienta o un pasatiempo y, en algunos casos, se establece como verdadera adicción, en lo que se ha llamado "adicciones sin sustancia". Son adicciones de este tipo la ludopatía, los móviles, internet, los videojuegos, la pornografía, el ejercicio, tomar el sol, el sexo, etc. Además de lo ya conocido sobre estas nuevas adicciones, ha aparecido un nuevo fenómeno lucrativo para las empresas de estas tecnologías: los videojuegos con compromiso económico para pasar de nivel (o comprar armas) son una trampa adicional a la que se ven sujetos los usuarios de estos pasatiempos. La victoria ya no depende de la habilidad del sujeto para jugar, o de su inteligencia para sortear las dificultades de los diseñadores, sino de su poder adquisitivo. No es extraño ver a chicos prepúberes gastar su paga semanal, o pedir dinero a sus familiares para invertirlo en ellos.

Recientemente, Brime, Llorens, Molina, Sánchez y Sendino (2019) han publicado un informe al respecto con datos escalofriantes. Entre sus conclusiones (p. 49 y 50) están las siguientes:

- En 2017, en cuanto al **juego online**, el 3,5% de la población de 15 a 64 años ha jugado dinero online durante el último año (2,7% en 2015), porcentaje que es mayor en los hombres (5,8%) que en las mujeres (1,2%). Este tipo de juego es más frecuente entre los más jóvenes, descendiendo su prevalencia a medida que aumenta la edad.

- El juego presencial (fuera de internet) está mucho más extendido: más de la mitad de la población de 15 a

64 años (59,5% en 2017) ha jugado dinero mayoritariamente a través de lotería convencional y de instantánea (máquinas tragaperras). En el juego presencial, las diferencias por sexo son mucho menores y, al contrario de lo que ocurre con el juego online, su prevalencia aumenta notablemente con la edad.

• Aplicando los criterios DSM-V, en 2017, un 0,4% de la población de 15 a 64 años realizaría un posible juego problemático y un 0,3% presentaría un posible trastorno del juego.

Finalmente, respecto al uso de internet, en 2017 existe un 2,9% de la población de 15 a 64 años que realizaría un posible uso compulsivo del internet, valor que permanece constante respecto a 2015 y sin apenas diferencias por sexo. En la población de estudiantes de 14 a 18 años la prevalencia de un posible uso compulsivo de internet en 2016 es 7 veces mayor (21%), presentando una tendencia ascendente desde 2014 (cuando la prevalencia era de 16,4%), en todas las edades y mayor entre las mujeres, que será necesario observar.

• Las prevalencias de consumo de alcohol y cannabis son superiores entre los individuos que juegan (online o en juego presencial) y los que tienen un posible uso compulsivo de internet.

Las adicciones son conductas muy ligadas al sentimiento narcisista, en cuanto a que todo adicto marca una preponderancia de su adicción sobre todo otro interés o valor en este mundo, sea propio o ajeno. Luchar contra la adicción es luchar contra el narcisismo primario y secundario[4].

Para disminuir la probabilidad de caer en la adicción, las nuevas tecnologías deberían estar limitadas, al menos, en horario. Los padres que compran a sus hijos videoconsolas, móviles, tablets y otros dispositivos, deben estar alerta sobre la posibilidad de que sean adictos a ellos en un futuro no muy lejano. No se trataría de prohibir el contacto con ellos, sino limitar su uso y la frecuencia del mismo. En un aula no deberían permitirse los móviles. Lo único que pueden hacer es distraer la atención del alumno. Los juegos que requieren pagar más y más dinero para pasar de nivel deben tener un uso limitado en edad, al menos, para que los niños y adolescentes no accedan a ellos con la facilidad que tienen actualmente.

c) Moderar el gasto en la celebración de la Primera Comunión

Hace veinte años propuse una idea innovadora que no encontró ningún eco y que pareció realmente hostil, en el pleno sentido de la palabra y, como tal, tomada muy poco en serio. El narcisismo está servido en todo su esplendor en la fiesta de la Primera Comunión, sin que nadie sea consciente de ello. A pesar de que la sociedad de consumo se confabule contra mí, lanzo aquí mi propuesta: acabar con las celebraciones desmesuradas de las Primeras Comuniones, de raíz. Por esta frase me granjearé eternamente la enemistad de padres y madres, comerciantes que venden los trajes de princesa y marinero, los fotógrafos, dueños de restaurantes, y la propia Iglesia Católica, que puede interpretar que, siguiendo la línea de los tiempos, me posiciono en contra del Cristianismo. Nada más lejos de la realidad. Intentaré aclarar mi propuesta con los argumentos de la evidencia que he seguido en todo este texto:

1. Los niños que hacen la Comunión han recibido dos años de Catequesis, en la cual se les habla de Dios y de

los sacramentos, pero pasan jugando o coloreando estampas bíblicas gran parte del tiempo, sin demostrar más competencia sobre el conocimiento del dogma católico que el haber asistido. Tras ese tiempo de *formación*, se les da el sacramento de la Eucaristía. Sus padres, por otra parte, ni tienen la obligación de ser fieles a la Iglesia, ni de ser creyentes, ni practicantes. En estos casos extremos, el niño comprueba una incongruencia sustancial en su vida: participa en el rito de una religión de carácter social, sin correlato familiar, donde *se dice*, pero no *se hace;* es decir, donde el valor del ejemplo no existe.

2.   Los niños esperan con ilusión el día en el que se vestirán de protagonistas de una acción que, en parte, les es ajena. Los padres organizan una fiesta por todo lo alto, en la cual los niños reciben regalos caros. Las familias hacen un esfuerzo (o piden un préstamo) para que dicha fiesta sea todo lo esplendorosa que su economía permita y, a ser posible, mejor que la del primo, o el amigo, o el vecino. Volvemos así a fomentar la creencia en las mentes infantiles en que "lo importante es ser más que otros", aun sin hacer nada para merecerlo.

3.   Ese día todo el mundo parece feliz. El niño es el centro de la atención y el mundo parece girar a su alrededor. Dios y el Espíritu están con él, incluso. Es un día importante para todos, principalmente para su madre, que es la que organiza la fiesta y recibe todos los cumplidos sobre el boato del festejo. Después de esa fiesta —que algunos han querido asimilarla a las ceremonias de iniciación de otras culturas más primitivas que la nuestra[5]— no es poco frecuente encontrar que las costumbres se relajan y la doctrina y la profesión de fe se olvida. Los niños ya no van a misa ni reciben más aliciente

para vivir su religión. Todo el contenido religioso aprendido desaparece y el niño puede volver a no pisar un templo jamás. Con ello, se transmite al niño que no tiene valor el cumplir o no las promesas dadas.

¿Qué aprende, además, el niño que ha recibido la Primera Comunión (salvando los casos en que la familia sea practicante de la fe católica)? Que mantener temporalmente una mentira trae consecuencias positivas. En todos los casos, debido al despilfarro económico en que se ha convertido la celebración del acto religioso, se convencerá de que ha sido alguien especial al menos por un día y, a lo largo de su vida, añorará el día en que fue el centro de la atención de toda la familia SIN MERECERLO ni por su esfuerzo ni por suerte. No tuvo que hacer nada para ello, solo ESTAR en la catequesis y estar allí el día de la ceremonia.

El ejemplo de la Comunión no es más que un ejemplo exagerado de lo que suele ocurrir en algunas familias actuales en cada fecha señalada: cumpleaños, navidades, día de la graduación, carnaval, onomástica, recogida de notas... Los niños obtienen regalos que no merecen, o merecerían si no fuera a costa del sueldo de sus padres. Los móviles caros, televisiones de 60 pulgadas, tablets, ordenadores portátiles, videoconsolas con todos los juegos y accesorios, los juguetes a toneladas... son ejemplos de cómo proporcionamos a los niños lo que no necesitan verdaderamente, ni deben tener por el mero hecho de ser niños.

Las celebraciones familiares cuando se trata de un sacramento religioso son importantes, el paso fronterizo de la niñez a la pubertad también, pero siempre y cuando manejemos la repercusión del acto en la formación de la personalidad de nuestros hijos. Dar congruencia a las conductas que queremos transmitir, servir de ejemplo a las nuevas generaciones con los propios actos, no excederse en los gastos y asumir las limitaciones, son principios a considerar como valores sociales que se deberían fomentar. En el caso de la infanta Leonor, el panorama fue diferente: hizo la Primera Comunión con las niñas de su colegio, vestida con su uniforme escolar. Esta rara postura no ha sido puesta de moda, pero la propuesta me parece acertada. Esta posición de moderación en el gasto nos aleja del narcisismo en el sentido de que no tenerlo todo puede ser una buena manera de vivir.

d) Lucha contra el acoso escolar

La prevención del *bullying*, o acoso escolar, es otro de los medios que puede contribuir a frenar la escalada narcisista. Hasta hace muy poco tiempo, en los colegios nadie se tomaba en serio la gravedad del asunto, hasta que la bomba explotó. En 2015 un niño de 11 años[6] se lanzó al vacío desde su casa, un quinto piso. Dejó una carta donde decía que no quería ir más al colegio. Más casos se fueron publicando[7] hasta que, en octubre de 2016, el Gobierno puso en marcha el teléfono contra el *bullying*[8]. Además del teléfono, se instó a que en los centros educativos se regulara el "protocolo" contra el acoso escolar para que, una vez que se recibiera una denuncia, se pusiera en marcha la maquinaria escolar, consistente en entrevistas con los implicados, vigilancia, información externa y sanciones a los culpables. Cada vez que el colegio o instituto abre el protocolo de *bullying*, la Delegación de Educación toma buena nota.

El prestigio educativo de un centro escolar se mide por su escasez de protocolos de *bullying* abiertos, cuando debería ser al contrario: si una escuela abre muchos protocolos será señal de que está sensibilizada ante el problema. Si no abre ninguno, será que tolera las conductas de acoso.

Mi propuesta ante este cruel problema es que las medidas anti-acoso deberían ser comparables a las que se llevan a cabo respecto a la violencia de género y primar con dinero, materiales, reformas estructurales, cursos de formación al profesorado, o cualquier otra prebenda, a aquellos centros escolares que abran protocolos de acoso. Y esto es porque el hacerlo así supone, por una parte reconocer socialmente de manera positiva a los profesionales que detectan los casos de acoso, ya que son sensibles ante el maltrato, y por otra parte premiar un trabajo extra. Luchar contra el *bullying* es decirle a la sociedad que no toleramos el maltrato y que nos ponemos del lado de las víctimas, pero mientras el hacerlo suponga solamente desventajas (mala fama del centro escolar y más trabajo para los profesores) las cosas no cambiarán, y estaremos tolerando y fomentando el narcisismo.

e) Estar alerta ante el deseo y el deseo de poder

La lucha por el poder no es ilegítima y, menos aún, en una sociedad competitiva como la actual. El poder te da prestigio y suele ir acompañado de enriquecimiento dinerario. Pero, dado que el 'deseo del poder' es un esquema subyacente en el narcisismo social, no sería algo descaminado cambiar las pautas educativas sobre qué es lo deseable. No se trata de acabar con el deseo, puesto que en el deseo está el placer cuando conseguimos lo deseado y es motivador para conductas proactivas, un drive. Pero los narcisistas no se alegran si consiguen alcanzar sus deseos. A ellos lo que les gusta realmente es jugar al juego del poder, seduciendo y manipulando. Siempre están pendientes de las opiniones y las conductas de los demás con respecto a ellos para mantener ese poder.

Respecto a este deseo de poder nos encontramos con el fenómeno de las redes sociales. Lo que nació como una manera de contactar con amigos de la vida real, se está convirtiendo en un problema de ambición y exhibicionismo, con afán de alcanzar cotas de influencia social en la red de redes. Instagram, Twitter, Tuenti, Facebook, YouTube… Si no tienes presencia en estas redes, no eres nadie. Además, debes tener seguidores —cuantos más mejor— y lo más de lo más, ser influencer. El prestigio social de la red te pide que cojas tu móvil y te hagas una selfie para colgarla en tu perfil, un vídeo de tu última hazaña diaria, o de tu idea magnífica para cualquier acto rutinario[9]. Los compañeros de clase pueden reírse de ti si nadie visita tu perfil o tus vídeos, y esto puede significar tu desprestigio social.

La diferencia entre lo deseable y lo rentable debe ser establecida claramente en la educación. No siempre son coincidentes, y la ética lo diferencia. Las elecciones adecuadas no siempre están claras pero, si seguimos alentando el afán de poder como única manera de conseguir lo deseable, es de suponer que el narcisismo seguirá avanzando. En palabras de Lowen (1983): *"Pero renunciar al reino de los cielos a cambio del poder es hacer un trato con el diablo. Y éste es el trato que hacen los narcisistas"* (p. 258).

En conclusión, se está gestando una generación puramente narcisista y si no nos planteamos cómo cambiar, la sociedad será cada vez más tóxica para nosotros mismos. Para producir un cambio social deberíamos estar pendientes de no generar más narcisismo del imprescindible en nuestros niños y adolescentes. Seguramente, las medidas propuestas no cambiarán la tendencia de un narcisismo social creciente, pero pueden contribuir a frenar su expansión y la velocidad de su avance. Cualquier estrategia que contradiga el desarrollo del fenómeno de que los niños crecen y se hacen adultos con la creencia de que lo merecen todo por el mero hecho de haber nacido, será bienvenida.

Obviamente, ir a contracorriente es *complicado*.

EPÍLOGO

Hemos repasado juntos un conjunto amplio de temas relacionados con un problema oculto y de proporciones ingentes: el narcisismo.

Cuando la sociedad en su conjunto se vuelve tan egocéntrica como para no detectar quiénes son los individuos que podrían lesionar gravemente el futuro común, tenemos un grave problema. Este es el caso de las personas narcisistas. Su presencia es innegable, así como el daño que infligen a sus víctimas (su pareja y sus hijos, principalmente).

Cuando te encuentres cara a cara con una madre narcisista, no podrás ni imaginar que lo es. Su actitud parece cercana a la perfección. Hablará de sí misma como de un modelo de abnegación. Será cuando su hija (más que su hijo) se sincere contigo cuando descubrirás la verdad: ella se ha criado en un vacío de amor verdadero, aunque con la apariencia de que lo había.

Tampoco es fácil detectar a las víctimas del desamor materno. Puedes llevar varias entrevistas con una de ellas y no haber notado que lo es. Una mañana en plena calle, hablando de este libro con una paciente ya dada de alta, me confesó que ella no se crio con su madre y añadió: *"cuando me has hablado de ese tema me ha dado un escalofrío porque yo no sé a quién quiero, si es que quiero a alguien"*. Como estábamos a pleno sol, fuera del contexto clínico, le he dicho que si quería, podríamos tratar el tema en consulta. No me ha dado respuesta y se ha despedido cordialmente. No era, finalmente, un problema de narcisismo de su madre, sino un vacío emocional por haber sido abandonada por su madre para ir a vivir a Alemania, donde trabajaba su marido. El dolor de las víctimas del desamor incondicional materno suelen sentirse culpables por cuestiones que otras personas no lo harán, casarse tempranamente y vivir con un vacío interior que nada parece llenar, excepto sus propios hijos.

A pesar del sentimiento de inadecuación y del dolor, las víctimas solo perciben que algo ha ido mal en la relación con su madre, y a menudo nos encontramos con personas que sienten vergüenza a la hora de verbalizarlo. En otras ocasiones, lo tienen sumamente claro: "*mi madre ha hecho lo posible por arruinarme la vida*". En este caso, el reto es encontrar la manera de salir de la trampa a la que la madre somete a su hija sin ira, sin venganza. A la hora de buscar documentación exhaustiva, tanto en castellano como en inglés sobre este tema, he encontrado en internet una presentación "powerpoint" que trivializa el sentimiento de ira que algunas víctimas dirigen a sus madres por este motivo: *Cómo matar a tu madre*[1], de Pam Odell. Su autora, expone el siguiente orden de instrucciones:

1. Cómo asesinar a tu molestísima madre en cinco simples pasos. ¿Tu madre es un verdadero *coñazo*[2]? ¿Te gustaría poder encontrar una manera de sacrificarla antes de que te haga que quieras cometer suicidio?

2. Tus opciones. Hay algunas maneras en que puedes asesinar a tu madre loca antes de que arruine por completo tu vida.

3. Electrocución. Cuando tu madre esté tomando un baño, tira un aparato de música o un secador en su bañera.

4. Disparo. Llévala al bosque durante una cacería y dispara a la puta. El guardián del juego lo entenderá.

5. Asfixia. Dado que este es un ataque sigiloso, debes hacerlo mientras está dormida.

6. Envenenamiento. Este es el enfoque más fácil. Solo pon veneno para ratas en su café de la mañana.

7. Si todo lo demás falla, solo deja atrás el infierno y bloquea su número.

8. Buena suerte y que las probabilidades estén siempre a tu favor.

Puede parecer algo terrible leer esta serie de recomendaciones en una presentación ordenada, pero en realidad, lo que viene a significar es una "reducción al absurdo", una estrategia terapéutica empleada frecuentemente para inducir al cambio conductual. En este caso, el mensaje no es realmente asesinar a la madre sino este otro: "comparado con el asesinato, romper la relación con tu madre no es nada, y puedes hacerlo sin crearte mala conciencia".

Para ayudar a estas mujeres a encontrar la paz interior que no logran hallar por sí mismas, es preciso hacer un esfuerzo y mostrarles un camino para recorrer en compañía de otras víctimas. Ese camino está marcado por el reconocimiento y el aprendizaje de otras formas de amor y, por supuesto, del perdón, si es posible.

Eva Martínez Pardo, en su libro *Bajo la piel del lobo* (2017) afirma sobre la "herida del abandono" que "*se siente durante mucho tiempo si no encontramos a alguien en nuestro camino que la mire con respeto, que sepa cómo desinfectarla y que nos sople amorosamente mientras nos ayuda a curarla*". Este *amoroso* papel debería ser el de un psicólogo experto en psicoterapia cuando se dirija a las víctimas de madres narcisistas.

Para remarcar qué se espera de esa guía, cito como final la dedicatoria manuscrita de Mara, poetisa de mi primer grupo, en la primera página de la novela Me llamo Lucy Barton (Strout, 2016)[3] que me regaló en una de sus visitas a consulta.

Laberintemos juntas nosotras

A salvo del dolor por un instante,

Al regreso ya de tantas cosas.

Ser y sernos tan solo,

Y serlo todo

Para justificar el Universo.

Mara

ANEXOS

ANEXO 1

CUESTIONARIOS

Cuestionario de detección de narcisismo materno

Nombre____

- Las siguientes frases describen conductas de algunas madres.
- Léelas cuidadosamente y pon una X (solo una) en la columna que mejor describa tu propia experiencia con tu madre.

	De acuerdo	Ni de acuerdo ni en desacuerdo	En desacuerdo
1. Mi madre ignoraba o despreciaba mis sentimientos y deseos.			
2. Mi madre se preocupa excesivamente del qué dirán los demás (vecinos, amigos, familia, compañeros de trabajo) y no de cómo nos sentimos sus hijos.			
3. Mi madre se dedicaba a degradarme o criticarme.			
4. Mi madre se mostraba encantadora para otras personas y fría cuando estaba sola conmigo.			
5. Era desalentador hablarle a mi madre de cualquier éxito que obtuviera, porque no parecía importarle.			
6. Mi madre rara vez se disculpaba o intentaba resolver la situación cuando surgía un problema entre nosotros.			
7. Cuando hablo de mis problemas con mi madre, ella desvía la conversación para hablar de sí misma.			
8. Las conversaciones solían girar en torno a lo que a mi madre le interesaba.			
9. Mi madre hacía que yo fuera un "chivo expiatorio".			
10. Mi madre actúa como si el mundo debiera girar en torno a ella.			
11. Mi madre compite conmigo (siempre es más que yo).			

	De acuerdo	Ni de acuerdo ni en desacuerdo	En desacuerdo
12. Mi madre se muestra celosa de mí cuando me hacen un regalo, un cumplido, o me alaban por cualquier cosa que hago bien.			
13. Mi madre tiene un hijo o una hija preferido/a (principalmente un varón, si hay entre sus hijos) al que le muestra más atención.			
14. Mi madre usaba el dinero, o la promesa de dinero, para manipularme.			
15. Mi madre me amenazaba o dificultaba mi vida si no hacía lo que ella quería.			
16. Mi madre intenta controlar a los demás, actuando como víctima o mártir.			
17. Mi madre me decía que yo era la razón de su depresión, su falta de éxito, o su vida insatisfecha.			
18. Cuando me quejo de estar enferma o triste, mi madre siempre me cuenta que ella está peor que yo.			
19. Mi madre presume de ser muy buena madre, la mejor de todas, sin serlo.			
20. Cuando ocurre algo malo en la familia (accidente, enfermedad, divorcio), mi madre solo piensa en cómo le afectará a ella.			
21. Cuando hablo de mis sentimientos con mi madre, ella trata de superarlos con los suyos.			
22. Mi madre no era sensible a mis sentimientos.			
23. Mi madre solía decir y hacer cosas sin tener en cuenta los sentimientos de los demás.			

<u>Cuestionario sobre efectos del narcisismo</u>

Las siguientes frases describen algunas sensaciones de las hijas, respecto del comportamiento de sus madres.

	De acuerdo	Ni de acuerdo ni en desacuerdo	En desacuerdo
1. Yo sentía que debía saber lo que mi madre quería sin necesidad de que me lo dijera.			
2. Tener una comunicación sincera con mi madre era difícil.			
3. Yo sentía que no se me escuchaba; rara vez recibía plena atención de mi madre.			
4. Pienso que mi madre me critica a mis espaldas ante familiares, vecinos o amigos.			
5. Oculto los detalles de mi vida y los sentimientos a mi madre, porque sé que ella encontrará una manera de usar mis verdades en mi contra.			
6. Me siento manipulada en presencia de mi madre.			
7. Pienso que mi madre intenta tomar decisiones en mi lugar.			
8. Pienso que he sido una esclava de mi madre.			
9. Creo que debo protegerla, incluso sabiendo que me está lastimando.			
10. Me siento culpable, o creo que soy una mala persona, si no cumplo los deseos de otras personas, especialmente los de mi madre.			
11. Tenía la sensación de que, hiciera lo que hiciese, nunca era suficiente para contentar a mi madre.			
12. Siento que hay algo malo en mí, y que ese es el motivo de que mi madre no me quiera.			

RESPUESTAS A LAS PREGUNTAS ADICIONALES DEL CUESTIONARIO INICIAL PARA VÍCTIMAS DE MADRES NARCISISTAS

Se muestran a continuación los porcentajes de las respuestas si/no de 27 miembros de los grupos de víctimas de madres narcisistas a las preguntas añadidas al cuestionario de McBride. La mayoría son mujeres (25 mujeres/2 hombres). No son muchos sujetos en esta población de pacientes, pero sus respuestas pueden ofrecernos una información valiosa para entender el fenómeno que estudiamos en este libro.

¿Cuando eras niña, has tenido que hacerte cargo de las tareas domésticas que le correspondía hacer a tu madre?

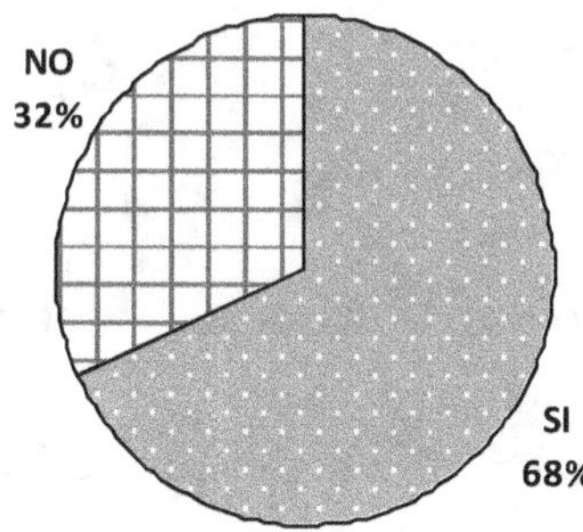

Mayoritariamente, dos tercios al menos, las niñas se hacían cargo de las tareas que por edad no le correspondían: son verdaderas cenicientas del mundo actual.

¿Crees que tu madre dominaba a tu padre?

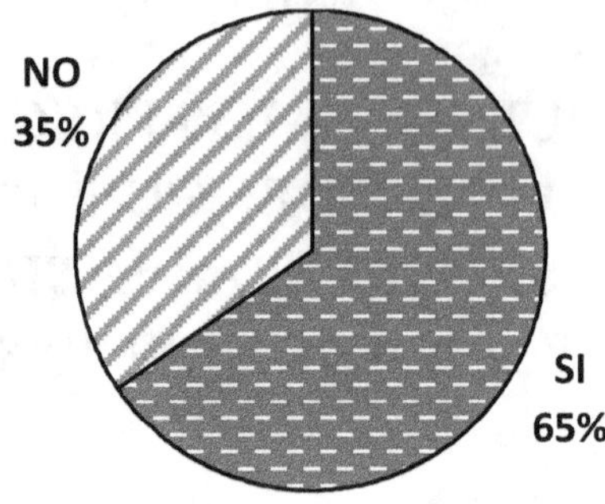

En las familias de las víctimas, dos terceras partes de los respondedores consideran que es más frecuente que la madre sea la dominante en la relación de pareja.

¿Tu madre va arreglada de manera exagerada para su edad?

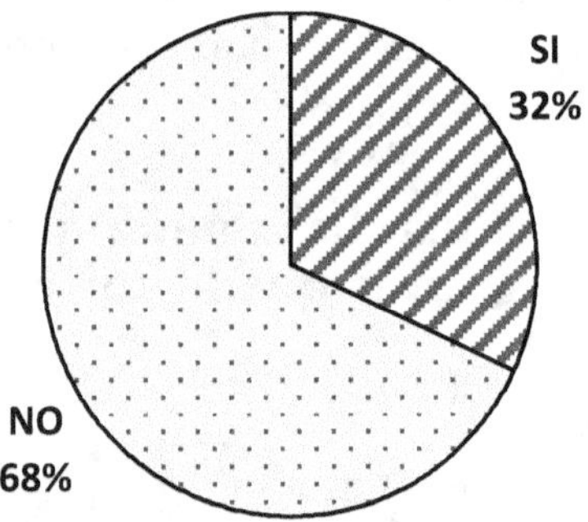

Al contrario de lo que las características del diagnóstico de narcisismo descrito en los manuales pueden dar a entender, las madres de las víctimas no se arreglan de manera que vayan vestidas de forma inapropiada para su edad. No obstante, puede haber diferencias culturales en la respuesta a esta cuestión. En EEUU, por ejemplo, se insiste mucho en considerar el arreglo desmesurado e inapropiado como signo de narcisismo.

¿Le importa a tu madre más lo que digan los demás que tú misma?

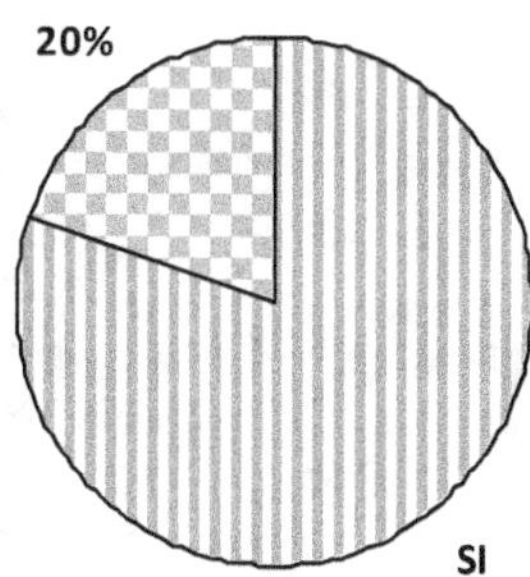

También es más frecuente que las madres de las víctimas tengan un mayor aprecio por las opiniones de la gente que por el criterio de sus hijas.

¿Sientes que hay algo malo en ti, y que ese es el motivo de que tu madre no te quiera?

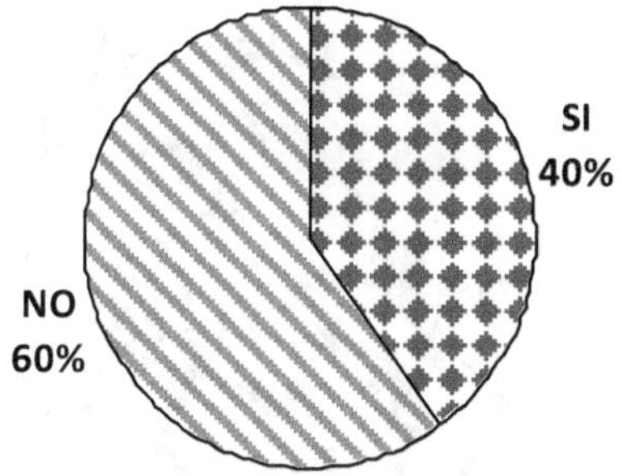

Menos de la mitad de las pacientes de nuestros grupos se sienten merecedoras del maltrato materno a causa de la existencia de alguna cualidad malsana en ellas. La tendencia a la culpabilidad se ha mostrado como un indicador de ser una víctima de madre narcisista. No obstante, el no encontrar una mayoría de víctimas que sientan esa culpabilidad como causa del desprecio materno no indica que no se suelan sentir culpables ante acontecimientos adversos en la vida (que es el rasgo más común entre las víctimas de este tipo de madres, y lo que permite que en las entrevistas se detecte este tipo de maltrato materno).

¿Te da vergüenza que se sepa cómo es tu madre en realidad, y por eso no hablas del asunto con nadie?

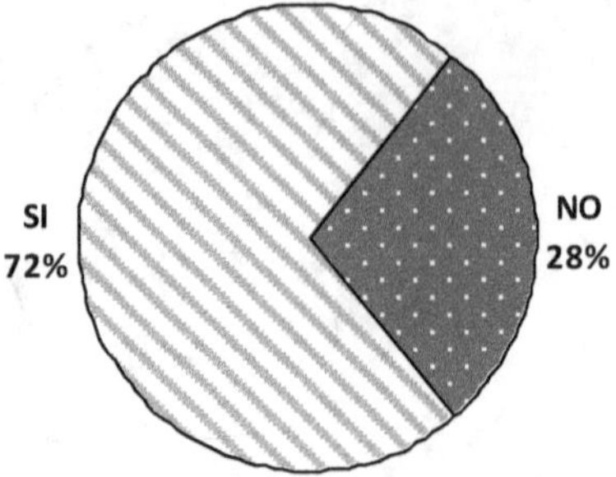

La mayoría de las víctimas de madres narcisistas se sienten avergonzadas de cómo son sus madres en realidad, y suelen ocultarlo incluso ante personas de su entera confianza.

A pesar de todo, ¿aún te gustaría que tu madre cambiara y te quisiera?

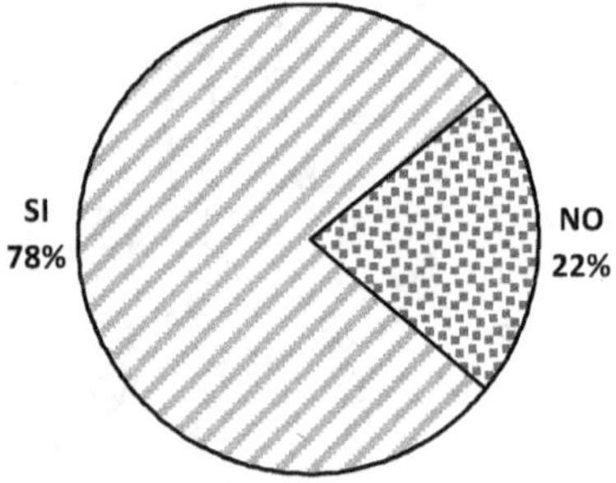

Es importante saber que, a pesar de todo lo que han sufrido estas hijas, la mayoría desearían que sus madres se "curaran" y las amaran como las madres deben amar a sus hijas.

Sin embargo, esa esperanza no suele cumplirse nunca y las víctimas deben vivir con ese deseo incumplido durante el resto de su vida. A pesar de ello, compensan con creces este déficit de amor, y los hogares que ellas crean están más llenos de amor que el que dejaron atrás, gracias a su esmero y dedicación incondicional.

BIBLIOGRAFÍA

ABRAMSON, Lyn Y.; SELIGMAN; Martin E.P. y TEASDA-LE, John D.C. (1978): Learned helplessness in humans: Critique and reformulation. *Journal of Abnormal Psychology, 87*, 49-74.

AGUADO PELÁEZ, Delicia; MARTÍNEZ GARCÍA, Patricia (2015): ¿Se ha vuelto Disney feminista? Un nuevo modelo de princesas empoderadas, *Área Abierta, 15*, (2); 49-61.

ANTEQUERA JURADO, Rosario (2006): Evaluación psicológica del maltrato en la infancia. *Cuadernos de Medicina Forense, 12* (43-44), 129-148.

ASHER, Richard (1951): Munchausen's síndrome, *Lancet, 10*, 339-341.

BARNETT, Douglas; MANLY, Jody Tod y CICCHETTI, Dante (1993). *Defining child maltreatment: The interface between policy and research*. En Dante Cicchetti y Sheree L. Toth (Eds.). Child abuse, child development, and social policy (pp. 7-74). Norwood, NJ: Ablex.

BASSON, Linda (2013): *Surviving narcissistic abuse*. E-book: Lianne Tulloch Ed.

BELL, Paul. A., GREENE, Thomas. C., FISHER, Jeffrey. D., & BAUM, Andrew. (1996). *Environmental psychology* (4ª ed.). Fort Worth: Harcourt Brace.

BETTELHEIM, Bruno (1967): *The Empty Fortress: Infantile Autism and the Birth of the Self*. New York: The Free Press. (Traducida al español. 2001. *La fortaleza vacía. Autismo infantil y el nacimiento del Yo*. Barcelona: Paidós).

BETTELHEIM, Bruno. (1975): *The Uses of Enchantment: The Meaning and Importance of Fairy Tales*, New York. Knopf. (Traducida al español (1976) *Psicoanálisis de los cuentos de hadas*. Barcelona: Crítica.

BOOLS, Christopher; NEALE, Brenda. MEADOW, Roy (1994): Munchausen syndrome by proxy: A study of psychopathology, *Child Abuse & Neglect, 18,* 773-788.

BOWEN, Murray (1978): *Family therapy in clinical practice.* Nueva York: Aronson.

BOWLBY, John (1951)*: Maternal care and mental health.* Geneva, WHQ; London HMSQ. New York: Columbia University Press.

BOWLBY, John (1979)*: The Making and Breaking of Affectional Bonds.* New York: Rouledge.

BRIME, Begoña; LLORENS, Noelia; MOLINA, Marta; SÁNCHEZ, Eva y SENDINO, Rosario (2019): *Informe sobre adicciones comportamentales: Juego y uso compulsivo de internet en las encuestas de drogas y adicciones en España EDADES y ESTUDES.* Madrid: Observatorio Español de las Drogas y Adicciones. Delegación del Gobierno para el Plan Nacional sobre Drogas del Ministerio de Sanidad, Consumo y Bienestar Social.

CAGNONI, Federica y MILANESE, Roberta (2009): *Cambiare il passato. Superare le esperiene traumatiche con la terapia strategica.* Milán. Ponte alle Grazie, (Traducida al español: *"Cambiar el pasado. Superar las experiencias traumáticas con la terapia estratégica".* Barcelona: Herder).

DE PAÚL, Joaquín (2009). La intervención psicosocial en protección infantil en España: Evolución y perspectivas. *Papeles del Psicólogo, 30* (1), 4-12.

DEIMEL, George W. IV; BURTON; M. Caroline., RAZA, Sania S.; LEHMAN, Julia S.; LAPID, Maria Isabel; BOSTWICK, J. Michael (2012): Munchausen Syndrome by Proxy: An Adult Dyad, *Psychosomatics, 53*: 294–299.

DIRECCIÓN GENERAL DE TRÁFICO. Ministerio del Interior (2014): *El alcohol y la conducción.* Madrid: Catálogo de Publicaciones Oficiales. Autor.

DUNNING, David y KRUGER, Justin (1999): Unskilled and unaware of it: How difficulties in recognizing one's own incompetence lead to inflated self-assessments. *Journal of Personality and Social Psychology*, 77(6), 1121-1134.

DUTTON, Donald G. (1995): Intimate Abusiveness. *Clinical Psychology*, 2, 207-224.

DUTTON, donald G. y PAINTER, Susan L (1981). Traumatic bonding: The development of emotional attachment in battered women and other relationships of intermittent abuse. *Victimology: An International Journal*, 6, 139-155.

ESBEC, Enrique y ECHEBURÚA, Enrique (2011): La reformulación de los trastornos de la personalidad en el DSM-V, *Actas Españolas de Psiquiatría, 39* (1), 1-11.

ESQUIVEL, Laura (1989): *Como agua para chocolate*. Barcelona: Planeta.

FESTINGER, Leon (1957): *A theory of cognitive dissonance.* Stanford, CA: Stanford University Press.

FERNÁNDEZ FERNÁNDEZ, Mª Visitación (2014): *Maltrato infantil: Un estudio empírico sobre variables psicopatológicas en menores tutelados.* Tesis doctoral. Universidad de Murcia.

http://acise.cat/wp-content/uploads/2018/08/TESIS-COMPLETAv4.pdf

FERNÁNDEZ-TXASKO, Olga (2018): *Sobrevivir a una Madre Narcisista: Cómo recuperarte de tus heridas infantiles y por fin desplegar tus alas.* Amazon.

FISHER, Carrie (1987): *Postcards from the Edge.* Nueva York: Simon y Schusters.

FISHER, Carrie (2009): *Wishful drinking.* Nueva York: Simon y Schusters.

FORWARD, Susan (2014): *Mothers who can't love. A Healing guide for daugthers.* Nueva York: Harper & Collins.

GARBARINO, James., GUTTMAN, Edna y SEELEY, James Wilson (1986). *The psychologically battered child: Strategies for identification, assessment, and intervention.* San Francisco: Jossey-Bass.

GARCÍA GARDUÑO, José María y CORTÉS SOTRES, José Francisco (1998): La medición empírica del narcisismo, *Psicothema, 10* (3), 725-735.

GIBSON, Lindsay C. (2015): *Adult children of emotionally inmature parents.* Oakland CA. New Harbinger Publications. (trad. al español, 2016): *Hijos adultos de padres emocionalmente inmaduros.* Málaga: Sirio)

GÓMEZ DE TERREROS, Monserrat (2006). Maltrato psicológico. *Cuadernos de Medicina Forense, 12,* 43-44.

GONGALVES, Óscar F.; ALVES, Antonio R.; SOARES, Isabel y DUARTE, Zélia T. (1996): Narrativas prototipo y psicopatología: un estudio con pacientes alcohólicos, anoréxicas y opáceo-dependientes. *Revista de Psicopatología y Psicología Clínica, 1* (2) 105-114

GONZALEZ ÁLVAREZ, Jose L.; SÁNCHEZ JIMÉNEZ, Francisco; LÓPEZ OSSORIO Juan J.; SANTOS, Jorge; CERECEDA, Jaime (2018): *Informe sobre el homicidio. España.* Ministerio del Interior. Madrid. Gobierno de España.

GOÑI GONZÁLEZ, Tomás.; MARTÍNEZ RODA, Mª José.; DE LA CERDA OJEDA, Francisco.; GÓMEZ DE TERREROS, Ignacio (2008): Síndrome de Munchausen por poderes, *Anales de Pediatría, 68* (6): 609-11.

GORNICK, Vivian (1987): *Fierce Attachments.* Nueva York: Farrar, Straus and Giroux. (Traducido al español: 2017 *Apegos feroces.* Madrid: Sexto Piso).

HARRÉ, Rom y GILLET, Grant (1994): *The discursive mind.* Londres. Sage.

HART, Stuart N. y BRASSARD, Maria R. (1991). Psychological maltreatment: Progress achieved. *Development and Psychopathology, 3*(1), 61-70.

HIRIGOYEN, Marie. France (1999): *El acoso moral: el maltrato psicológico en la vida cotidiana*. Barcelona: Paidós Ibérica.

HOFFMAN, Martin. L. (2002): *Desarrollo moral y empatía: implicaciones para la atención y la justicia*. Cornellà del Lobregat: Idea Books.

KOWALSKI, Robin M. (ed.). (2001): *Behaving badly: Aversive behaviors in Interpersonal relationships*. Washington, DC: American Psychological Association.

KUNDERA, Milán (1969): *La vida está en otra parte*. (Traducción al español (2001): Barcelona. Seix Barral).

LAING, Ronald David (1970): *Knots*. Harmondsworth, UK: Penguin Books.

LANDERO, Luis (2019): *Lluvia fina*. Barcelona: Tusquets.

LASCH, Christopher (1999): *La cultura del narcisismo*. Santiago de Chile. Editorial Andrés Bello. (Original en inglés: 1991. *The culture of narcissism*. W.W. Norton & Co.).

LETTS, Tracy (2008) *August: Osage County*. Nueva York: Theatre Communications Group,Inc.

LEWIN, Peter K. (1976): Cinderella Syndrome, *Canadian Medical Association Journal, 17* (115), 109.

LIEM, Marieke, KOENRAADT, Frans (2008): Filicide: a comparative study of maternal verses paternal child homicide, *Criminal Behaviour and Mental Health, 18*, 166-176.

LOUE, Sana (2005). Redefining the emotional and psychological abuse and maltreatment of children. Legal implications. *Journal of Legal Medicine, 26*, 311-337.

MUELA, Alexander (2008). Hacia un sistema de clasificación nosológico de maltrato infantil. *Anales de psicología, 24*(1), 77-87.

LOWEN, Alexander (1983): *Narcissism: Denial of the true self.* (*El narcisismo: La enfermedad de nuestro tiempo.* Barcelona: Paidós. 2014).

MACEY, Diana (1990): *Padres que odian. La incomprensión familiar, un problema con solución.* Barcelona: Grijalbo.

MACEY, Diana (2017): *Narcissistic Mothers and Covert Emotional Abuse: For Adult Children of Narcissistic Parents.* Kindle Edition.

MARTÍNEZ PARDO, Eva (2017): *Bajo la piel del lobo. Acompañar las emociones con los cuentos tradicionales.* Barcelona: Graó.

MCBRIDE, Karyl (2008): *Will I ever be good enough?* New York. Free Press. (Edición en español 2013: *Madres que no saben amar. Cómo superar las secuelas provocadas por una madre narcisista.* Barcelona: Urano.)

MEADOW, Roy (1977): Munchausen síndrome by proxy. The hinterland of child abuse, *Lancet, 13,* 343-345.

MITCHEL, Margaret (1936): *Gone with the wind.* Nueva York: Macmillan Publishers Ltd.

MONFORTE MARESMA, Maite (2013-2014): Habilidad narrativa y creativa entre 3 y 4 años de edad. *CAUCE. Revista Internacional de Filología, Comunicación y sus Didácticas, 36-37,* 160-183

MOSQUERA, Dolores (2008): Personalidades narcisistas y personalidades con rasgos narcisistas, *Revista Persona, 8 (2),* 7-18.

MOSQUERA, Dolores; GONZÁLEZ, Anabel (2011): "El narcisismo como una consecuencia del trauma y las experiencias tempranas", *Boletín informativo de la ESTD, 1 (4),* 4-6.

NAZARE-AGA, Isabelle (2015). *Padres manipuladores.* Barcelona: Ediciones B.

O'CONNOR, Lynn E.; BERRY, Jack W.; WEISS, Joseph; BUSH, Marshal y SAMSPSON, Harold (1997): Interpersonal guilt: Development of a new measure. *Journal of Clinical Psychology, 53,* 73–89.

OAKLEY, Barbara; KNAFO, Ariel; MADHAVAN, Guruprasad; WILSON, David Sloan (Eds). (2012): *Pathological altruism.* New York: Oxford University Press.

ORENSTEIN, Peggy. (2012): *Cinderella Ate My Daughter: Dispatches from the Frontlines of the New Girlie-Girl Culture.* New York: Harper Paperbacks.

PENNEBAKER, James W. (1993). Putting stress into words: Health, linguistíe, and therapeutic implications. *Behaviour Research and Therapy, 31,* 539-548.

PETERSON, Jordan (2018): *12 rules for life.* Londres. Penguin Random House (En español, *12 reglas para vivir, un antídoto al caos).* Barcelona: Planeta.

POZUECO José Manuel; MORENO, Juan Manuel (2013): La oscura de la personalidad en las relaciones íntimas, Psicopatía, maquiavelismo, narcisismo y maltrato psicológico. *Boletín de Psicología, 107,* 91-111.

PAULHUS, <u>Delroy L</u>; WILLIAMS, Kevin. M. (2002): The dark triad of personality: narcissism, machiavellianism, and psychopathy, *Journal of Research in Personality, 36,* 556-563.

RASKIN, Robert; TERRY, Howard (1988): A principal-components analysis of the Narcissistic Personality Inventory and further evidence of its construct validity. *Journal of Personality and Social Psychology, 54,* 890-902.

RESNICK, Philip J. (1969): Child murder by parents: a psychiatric review of filicide. *American Journal of Psychiatry. 126*(3):325-34.

ROSENBERG, Donna Andrea (1968): *Unusual forms of child abuse*. En Mary Edna Helfer, Ruth S. Kempe y Richard D. Krugman (Eds.), *The battered child* (5 ed. 1997, pp. 431-449). Chicago: The University of Chicago Press.

ROSENTHAL, Robert; JACOBSON, Lenore (1966): Teachers' expectancies: determinants of pupils' CI gains. *Psychological Reports, 19*, 115-118.

ROSENHAN, David L. (1973): On being sane in insane places. *Science, 179*, 250-258.

SASTRE, Genoveva y MORENO MARIMÓN, Montserrat (2003): La construcción del razonamiento moral: el sentimiento de culpa. *Anuario de Psicología*, 34 (2), 191-201.

SCAHFER, Peter. (1973): *Equus*. London: Penguin Books.

SHARIFE, Ana (13 de enero de 2020): El tabú de los filicidios: incómodos datos de una lacra que afecta a ambos géneros. El Confidencial. Recuperado de

https://www.elconfidencial.com/espana/2020-01-13/filicidios-doce-menores-asesinados-madres-padres_2400572/ (Acceso, 06-09-2010)

SCHNEIDER, Kurt (1948): *Die psychopathischen Persönlichkeiten. (Las personalidades psicopáticas y problemas de patopsicología y de psiquiatría clínica)*. Madrid: Morata. 1948).

SHEN, Samuel. (2006): *Monte Miseria*. Barcelona: Anagrama.

SMITH, Manuel J. (1975): *When I Say No I Feel Guilty*. Nueva York. Bantan Books (En español: 1996 *Cuando digo no, me siento culpable* Barcelona. Grijalbo).

STERN, Robin. (2019): *Efecto luz de gas: detectar y sobrevivir a la manipulación invisible de quienes intentan controlar tu vida*. Málaga. Sirio (versión española y actualizada de: The Gaslight Effect: How to Spot and Survive the Hidden Manipulation Others Use to Control Your Life, 2007).

STÖCKL, Heidi; DEKEL, Bianca; MORRIS-GEHRING, Alison., WATTS, Charlotte; ABRAHAMS, Naeemah (2017): Child homicide perpetrators worldwide: a systematic review, *British Medical Journal Paediatrics Open, 1*, 1-7.

STROUT, Elizabeth (2016): *Me llamo Lucy Barton*, Barcelona: Duomo.

TAMIR, Diana. I.; ZAKI, Jamil; MITCHELL, Jason P. (2015): Informing others is associated with behavioral and neural signatures of value, *Journal of Experimental Psychology: General, 144*(6), 1114-1123.

TOLMO, María (2012): *Una princesa en el espejo. Una guía para salir del cautiverio emocional.* Madrid: Edaf.

TRONICK, Edward *(2007): The Neurobehavioral and Social-Emotional Development of Infants and Children*: Nueva York: W. W. Norton & Company

VILLEGAS BESORA, Manuel (1995): La construcción narrativa de la experiencia en psicoterapia, *Revista de Psicoterapia, 6*, 5-20.

WELLDON, Estela. V. (2014): *Jugar con dinamita: Una comprensión psicoanalítica de las perversiones, la violencia y la criminalidad.* Madrid: Psimática.

YATES, Gregory; BASS, Christopher. (2017): The perpetrators of medical child abuse (Munchausen Syndrome by Proxy) – A systematic review of 796 cases, *Child Abuse & Neglect, 72*, 45-53.

NOTAS

INTRODUCCIÓN

[1]   Karyl McBride (2013), Diana Macey (2017) y Olga Fernández-Txako (2018).

[2]   En la novela *Monte Miseria* de Samuel Shem, seudónimo de Stephen J. Bergman, psiquiatra y director de la sección clínica en la Facultad de Medicina de Harvard, la segunda ley del hospital psiquiátrico Monte Miseria, es *Los psiquiatras se especializan en sus defectos.* (Shen, 2006).

CAPÍTULO 1

[1]   No es desconocido que el malogrado **Luís Roldán**, del PSOE, director general (cargo político) de la Guardia Civil en el gobierno de Felipe González, se fabricó un *curriculum vitae* lleno de títulos, entre los que sobresalía "*una inexistente licenciatura en Ciencias Empresariales y un máster en Economía igualmente falso*". **Elena Valenciano**, eurodiputada del PSOE, presumía 2012 de ser "licenciada en Derecho y Ciencias Políticas", dos carreras que no terminó. Según publica el diario EL PAIS, "*Valenciano aseguró que la atribución de estas titulaciones en su ficha de la Eurocámara —de la que formó parte entre 1999 y 2008— se debió a un error de traducción, que ha pedido que se subsane, pues ella solo declaró que "tiene estudios en Derecho y Ciencias Políticas*". **Tomás Burgos** (PP), secretario de Estado de la Seguridad Social, afirmó durante tres legislaturas ser médico, algo totalmente falso. Otros políticos han falseado su *curriculum vitae* atribuyéndose estudios universitarios que no han concluido; **Joana Ortega**, vicepresidenta del Gobierno catalán (Unió Democràtica), no era licenciada en Psicología, carrera que acabó finalmente, 29 años después de haberla iniciado, y atribuyó la falsedad a

un "error de transcripción". **Joaquín Ramírez,** senador, que fue presidente del PP de Málaga, no solamente se present.....ó durante cuatro legislaturas en el Parlamento de Andalucía como licenciado en Derecho, sin que hubiera acabado los estudios que inició en 1977 y no finalizó hasta 2006. Además de esta falsedad, su nómina como senador tuvo que ser embargada por distintas multas de tráfico e impagos para la hacienda local de Málaga. Más recientemente, las tropelías de **Juan Carlos Monedero** (PODEMOS), quien falseó su currículum y además cobró de la Universidad Complutense un dinero del cual no pagó impuestos a la Hacienda Pública; igual que su amigo, Íñigo Errejón, que cobró un sueldo de la Universidad de Málaga sin trabajar en lo que se suponía que era su función, dado que no hacía ni acto de presencia allí. Por último está la expresidenta de la Comunidad de Madrid, **Cristina Cifuentes** (PP), quien está siendo procesada por falsear las condiciones de obtención de su máster en la Universidad Juan Carlos I de Madrid. Se ha abierto la veda de la caza al falseador de expedientes académicos y méritos profesionales. Una ministra del Gobierno socialista de Pedro Sánchez, **Carmen Montón**, dimitió a causa de ser descubiertas irregularidades en su máster. **Pedro Sánchez** (PSOE), ha visto empañado su título de Doctor con la calificación de cum laude, acusado de plagio y falta de merecimiento al no ser el autor de su tesis doctoral. Este tsunami de titulitis ha alcanzado a la segunda jueza que instruyó el caso de los EREs en Andalucía, **María Núñez Bolaños**, quien ha sido señalada por la prensa por plagiar su tesis doctoral. También **Iván Redondo**, que fue jefe de Gabinete de Pedro Sánchez, mintió sobre su estancia en la Universidad Georgetown, de EEUU. También parecen falsos los másters de **Yolanda Díaz**, ministra de Trabajo, y vicepresidenta del Gobierno de Pedro Sánchez.

[2]   *https://kena.com/que-hay-detras-del-eslogan-porque-yo-lo -valgo/*

[3] http://www.lasexta.com/noticias/sociedad/abuela-intenta-devolver-nieto-recien-nacido-hospital-serfeo_201701105875250 e0cf211d2aa1f1ac8.html

[4] https://www.trendencias.com/feminismo/juana-esta-en-mi-casa-la-respuesta-viral-al-caso-de-la-madre-que-ha-huido-para-no-entregar-a-sus-hijos-a-su-maltratador

[5] https://www.laverdad.es/verano/juana-casa-20170818221334-nt.html

[6] https://actua.digital/juana-tampoco-esta-en-mi-casa/

[7] https://www.granadahoy.com/granada/UGR-Juana-Rivas-francisca-Granados-asesora-Italia-injerencias-universidad-maracena-Lorente_0_1297670851.html

[8] http://www.noticiasdenavarra.com/2017/11/17/sociedad/navarra/concurridas-manifestaciones-ciudades-abusos/707508.html

[9] http://www.abc.es/sociedad/abci-manada-convocan-manifestaciones-toda-espana-para-protestar-contra-sentencia-manada-201804261811_noticia.html

[10] Los psicólogos y psiquiatras, que por supuesto, ni han peritado en el juicio, ni han tenido acceso al sumario, https://www.eldiario.es/sociedad/psicologos-psiquiatras-sentencia-consentimiento-resistencia_0_767123691.html

[11] https://elpais sociedad.com/ /2019/06/21/actualidad/15610944286735.html

[12] «Queremos la libertad por la libertad y a través de cada circunstancia particular. Y al querer la libertad descubrimos que ella depende enteramente de la libertad de los demás. Y al querer la libertad descubrimos que depende enteramente de la libertad de los otros, y que la libertad de los otros depende de la nuestra». Jean Paul Sartre.

[13] http://www.rtve.es/noticias/20131010/tres-mujeres-torso-desnudo-interrumpen-sesion-control-gritos-favor-del-aborto/760740.shtml

[14] Según la DGT (2014), un 42% de los conductores españoles beben y conducen alguna vez.

[15] El 25 % de los conductores usa el móvil al volante.

http://revista.dgt.es/es/noticias/nacional/2017/06JUNIO/0622-Informe-Axa-Ponle-reno.shtml#.WlMVQnlG3IU

[16] *http://www.telemadrid.es/coronavirus-covid-19/Cuantas-multas-impuesto-madrilenos-mascarilla-0-2258474138—20200812014925.html*

[17] *https://www.lasexta.com/noticias/sociedad/un-colegio-de-valencia-pide-proteccion-para-sus-profesores-tras-la-agresion-de-un-padre-me-dio-un-cabezazo-y-me-dijo-que-era-una-mierda-de-maestro_201810035bb510a40cf2a4649bb07501.html*

[18] *http://elcorreoweb.es/provincia/un-profesor-es-agredido-por-el-padre-de-un-alumno-en-utrera-XM3086202*

[19] *http://www.granadablogs.com/juezcalatayud/2017/11/como-van-a-respetar-los-ninos-la-autoridad-de-los-maestros-si-hay-padres-que-no-la-respetan/*

[20] *http://www.elmundo.es/elmundo/2005/02/22/madrid/1109083279.html*

[21] Curiosamente, al contrario que en otros casos donde han muerto menores, no se publica el nombre de la madre de Kiara en la noticia citada, aunque en otros periódicos se desvelan sus iniciales: I.T.S.; o que se trata de "Ada", o "Ada T.S.", y solamente en uno se desvela el nombre y su primer apellido, Inmaculada de la Torre.

https://www.elespanol.com/sociedad/sucesos/20191227/madre-kiara-segunda-condenada-prision-permanente-revisable/455204735_0.html

[22] Fichas estadísticas de la violencia de género hacia los menores:

https://violenciagenero.igualdad.gob.es/violenciaEnCifras/victimasMortales/fichaMenores/home.htm

23   *http://www.despiertainfo.com/2018/03/12/los- menores-asesi
      nados-por-sus-madres-no-existen-para-la-ley-de-violencia-
      de-genero/*

24   *http://www.elmundo.es/cronica/2018/03/18/5aad7a67e
      2704e7f7d8b45b7.html*

25   Puede consultarse el texto completo en:
      *http://www.dominiopublico.es/libros/E/Euripides/
      Eur%C3%ADpides%20-%20Medea.pdf*

CAPÍTULO 2

1   Solo conozco un caso de suicidio en un narcisista: Un joven de
     treinta años que, harto de que el mundo no lo premiara con
     dinero, éxito y buena vida, y que su familia no le diera más
     dinero para malgastar, decidió morir, para lo cual se dio un
     atracón de alcohol y drogas en la habitación de un hotel.

2   *https://lenguajecorporal.org/que-tan-narcisista-eres-test/*
     (2 de junio de 2017)
     Aunque no le importe al lector, le informo de que lo he
     completado yo misma y he obtenido una puntuación de 10,
     lo cual me clasifica como "un cordero", al ser demasiado ba-
     ja.

3   El "yo sí te creo":
     *https://www.elsaltodiario.com/justicia/hermana-yo-si-te-
     creo-como-llevar-la-perspectiva-de-las-victimas-de-la-calle-a-
     los-juzgados-*

4   Madre brasileña asesina a su hijo de 17 años, que apareció
     carbonizado, por ser homosexual.
     *http://www.lasexta.com/noticias/sociedad/madre-asesina-
     hijo-porque-homosexual_201701135879164 90
     cf290341de2326d.html*

5   Madre (y padre) dejan morir a su hijo por desnutrición y falta
     de higiene.

         *http://www.antena3.com/noticias/sociedad/una-
madre- acusada-de-dejar-morir-a-su-hijo-de-tres-anos-
mi-nino-nunca-se-quedo-sin-comer-yo-
si_201803205ab0c3150
cf2c1cc0aa31036.html*

[6] Madre senegalesa abandona a su hijita de 15 meses en el mar para que se la llevaran las olas, porque el cuidado de la niña y su vida de pareja eran incompatibles.

         *https://elperiodico.com.gt/mundo/2016/06/20/madre-
infanticida-juzgada-por-abandonar-a-su-bebe-en-el-
mar/*

[7] *"La extraña pasajera"*, una mala traducción de *Now, Voyager*, de 1942, dirigida por Irving Rapper, y protagonizada por Bette Davis.

[8] *"La fuerza del cariño"*, inexacta traducción de *Terms of endearment*, película de 1983, dirigida por James L. Brooks, e interpretada por Shirley McLaine y Debra Winger.

[9] *https://www.mujerhoy.com/vivir/protagonistas/201806/25/
vivian-gornick-escritora-feminista-0180622083817.html*

[10] *"El Club de la Buena Estrella"* (1993) es una película dirigida por Wayne Wang, basada en una novela de Amy Tan, del mismo nombre.

[11] *"August: Osage County"* (Película) / dirigida por John Wells (2013); En español, Agosto. (2014). Barcelona: Savor, D.L.

[12] El *Síndrome de Munchausen* por poderes –descrito por el Meadow en 1977, tomando como síndrome prototípico el conocido por Síndrome de Munchausen de Asher (1951)- describe un cuadro clínico complejo, integrado por una madre (perpetradora) y su víctima (generalmente su hijo/a de menos de 5 años), en la cual el hijo es hospitalizado frecuentemente con cuadros médicos confusos y bizarros, provocados por ella misma. El síndrome de Munchausen por poderes es más frecuente de lo que se creía inicialmente (Goñi et al., 2008).

13   Una excepción es el artículo de Bool (1994), sobre una muestra de 19 madres de niños que presentaban el Síndrome de Munchausen por poderes, en el cual se informó de las historias psiquátricas de 47 de las madres. Treinta y cuatro tenían historias de un desorden facticio o somatoforme, 26 historia de autoagresión, y 10 de abuso de alcohol/drogas. La psicopatología más notable fue la presencia de un trastorno de personalidad en 17 de las madres (predominantemente histriónico y Límite). La mayoría de ellas, sin embargo, tenían criterios suficientes para padecer más de un trastorno de la personalidad.

En una reciente revisión sistemática de los casos publicados desde 1965 (Yates y Bass, 2017) se señala que se ha encontrado un trastorno facticio en el 30,9 %, el trastorno de personalidad en el 18,6% y la depresión podría estar presente en el 14,2% de los casos.

14   Los narcisistas no se adaptan a las residencias de ancianos, donde hay normas que ellos no comparten ni desean, y personas hacia las que hay que manifestar tolerancia, comprensión y paciencia, cualidades todas totalmente ajenas al narcisismo.

15   No entro a discutir la ilegalidad de esta conducta. No obstante, comentado con mi paciente que esa conducta podría no ser del todo legal, ella me aseguró que había preferido cometer un delito antes que llevarse a su casa de nuevo a su madre.

CAPÍTULO 3

1   Bruno Bettelheim fue un superviviente de los campos de concentración nazis. Curiosamente, tras su suicidio, en 1990, ya octogenario, fue acusado de plagio, mentir descaradamente en sus publicaciones, así como de maltrato físico y abuso sexual a los niños ingresados en su clínica.

[2] Traducido del original. En la obra original la palabra es "parent" (padre), como nombre común colectivo que incluye tanto a 'padre' como a 'madre' (escena 22), pero que en la versión española de la película se tradujo como "madre".

[3] Las teorías psicoanalíticas se desplegaron en torno a los conceptos de "madre esquizofrenógena" de Frieda Reichmann (1889-1957), esposa de Eric Fromm durante cinco años, y "el doble vínculo" de Gregory Bateson (1904-1980), el marido de la famosa antropóloga Margaret Mead. Este último asoció la comunicación que mantenían las madres de los pacientes esquizofrénicos con sus hijos a la carta a la madre del protagonista de la novela de Dostroievski *Crimen y Castigo*, Raskólnikov. En este estilo comunicativo, la madre establece unas pautas comunicativas basadas en la contradicción.

Ambas concepciones no han tenido el apoyo experimental que precisaban para formar parte del conocimiento científico, pero siguen muy extendidas entre los terapeutas de distintas orientaciones teóricas.

[4] Considerada una pseudociencia, mezcla terminología psicológica con otras disciplinas esotéricas. Desconozco por completo tanto la teoría como la práctica de las "constelaciones familiares" y también si trata el tema del narcisismo familiar por lo que no voy a pronunciarme al respecto.

[5] No ha sido desarrollado desde el punto de vista psicométrico, por lo cual no se pueden dar datos ni sobre su fiabilidad ni sobre su validez ni especificidad.

[6] El vídeo de la canción *Los días de la semana*, puede verse en: *https://www.youtube.com/watch?v=JAHZrCws9RY*

[7] Al contrario de lo que propugna la ideología de género, ellas no eligieron ser mujeres, por lo cual, no pueden sentirse culpables de esto.

[8] *Suddenly, last summer.* Novela de Tennessee Williams, adaptada para el cine por Joseph L. Mankiewicz, en 1959,

con protagonistas de lujo: Catherine Hepburn, Mongomery Cliff y Liz Taylor.

[9] *Ordinariy People*, novela de Judith Guest, publicada en 1976 y adaptada al cine por Robert Redford (1980); en la que Mary Tyler Moore, en su papel de Beth, la madre, recibió el Óscar a la mejor actriz. El papel del padre lo desempeñó Donald Sutherland.

[10] El mismo Perrault añade una moraleja al cuento para advertir de los peligros de la seducción, pero en nada hace referencia al aspecto sexual de la historia:

> "Aquí vemos que la adolescencia,
> en especial las señoritas,
> bien hechas, amables y bonitas
> no deben a cualquiera oír con complacencia,
> y no resulta causa de extrañeza
> ver que muchas del lobo son la presa.
> Y digo el lobo, pues bajo su envoltura
> no todos son de igual calaña:
> Los hay con no poca maña,
> silenciosos, sin odio ni amargura,
> que en secreto, pacientes, con dulzura
> van a la siga de las damiselas
> hasta las casas y en las callejuelas;
> más, bien sabemos que los zalameros
> entre todos los lobos ¡ay! son los más fieros".

[11] Artículo "La verdadera historia de Blancanieves y los siete enanitos": "Durante mucho tiempo se creyó que Blancanieves había sido concebida por el escritor italiano Giambattista Basile, que en el siglo XVI publicó el libro *Pentamerón: el cuento de los cuentos*. Era una antología de historias tradicionales en la que aparecía el relato de Lisa, una niña de siete años que

tras un accidente con una peineta mágica, entra en un estado inconsciente. Sus padres, desconsolados, la dan por muerta y la entierran en un ataúd de cristal, lugar en donde la joven – inexplicablemente– sigue creciendo hasta adquirir el cuerpo y las facciones de una hermosa mujer. Una pariente, envidiosa de la belleza extraordinaria de Lisa, jura entonces acabar con ella y, en un rapto de locura, rompe el sarcófago y toma a Lisa de los cabellos. Pero, en su intento por arrastrar el cuerpo para enterrarlo en el bosque, se desprende la peineta y la chica despierta".

http://www.lagaceta.com.ar/nota/555169/espectaculos/
verdadera-historia-blancanieves-siete-enanitos.html

[12] Artículo "*La verdadera historia de Blancanieves y los siete enanitos*" "Nacida el 15 de junio de 1729, hija del príncipe Philipp Christoph von Erthal y de Maria Eva von Bettendorf, El castillo de los Erthal es hoy un museo (foto derecha), cuya principal atracción es justamente el espejo parlante (foto izquierda). En efecto, se trata de un refinado juguete acústico muy en boga en la época, fabricado allí mismo, en Lohr, célebre entonces por la manufactura de hermosos cristales. El espejo tiene la curiosa particularidad de repetir cada palabra pronunciada por quien se pare delante. Más aún, sobre el marco puede leerse una inscripción que parece reflejar perfectamente la vanidad de la "bruja": "amor propio". ¿Sorprendente, no? El espejo era propiedad del príncipe, quien se lo regaló a su segunda mujer, Claudia Elisabetta von Reichenstein, madrastra de Maria Sophia. Y aunque la relación entre la joven y su madrastra no era tan mala como asegura el cuento, la condesa siempre beneficiaba a los hijos de su primer matrimonio y menospreciaba a la condesa, que a causa de la varicela, había quedado ciega. El cronista de la familia Erthal describía a Maria Sophia como "un ángel caritativo y bondadoso". Por eso, los habitantes de Lohr le tenían cariño y se pasaba el día rodeada de niños envejecidos prematuramente por el trabajo en las minas de la familia. Estos niños, que vestían largos abrigos y gorros, acabaron convertidos en los enanos del cuento".

https://www.lagaceta.com.ar/nota/555169/espectaculos/verda

dera-historia-blancanieves-siete-enanitos.html

[13] Esta hija de familia noble vivió en Alemania en la primera mitad del siglo XVI, en la misma época en la que el entonces príncipe Felipe II realizó el «Felicísimo Viaje» por el continente europeo para conocer los límites de su futuro reino. Mujeriego y, en ese momento, soltero, Felipe habría mantenido una aventura con esta condesa alemana, que acabó en tragedia.

"La bella Margarethe murió supuestamente envenenada por las intrigas de la corte, que evitaron así que se casara con Felipe II de España. Las semejanzas con el cuento, una vez más, tienen a los enanos como elemento vertebrador. La condesa jugaba desde pequeña con siete niños desnutridos y envejecidos prematuramente que trabajaban en las minas de la familia von Walked. Su pobreza les hacía vestir con harapos coloridos y largos abrigos".

http://www.abc.es/historia/abci-cruel-historia-inspiro-blanca

nieves-princesa-ciega-jugaba-ninos-explotados -minas-201601280211_noticia.html

[14] Los telediarios y periódicos se han hecho eco de noticias como estas:

- Madre le roba el novio a su hijo:

  http://www.telecinco.es/informativos/curioso/Madre-roba-novio-hijo_0_1992375172.html

- Abusa sexualmente del joven novio de su hija y es condenada a 15 años:

  http://www.periodistadigital.com/america/legislacion-y-documentos/2016/10/10/la-modosa-madre-abusa-sexualmente-del-novio-de-su-hija-y-la-condenan-a-15-anos.shtml

- Demi Moore, una actriz que podría ser diagnosticada de Trastorno Límite de la Personalidad –y posiblemente

hija de madre con el mismo trastorno de personalidad, ya que la prostituyó cuando Demi tenía 15 años por 500 dólares americanos– salió con el exnovio de su hija Rumer.
http://www.objetivofamosos.com/2015/05/04/demi-moore-quita-los-novios-a-su-hija-rumer/

CAPÍTULO 4

[1] Cit por Pozueco y Moreno (2013), p. 96.

[2] Cit. por Pozueco y Moreno (2013), p. 91.

[3] *https://es.wikiquote.org/wiki/William_Shakespeare*

[4] *https://www.youtube.com/watch?v=OyCHT9AbD_Y*

CAPÍTULO 5

[1] El trastorno "negativista" o "pasivo-agresivo" ha sido eliminado de la DSM-V.

[2] Mucho se ha escrito sobre el vínculo que se establece entre agresor y víctima en las relaciones de maltrato en la pareja y no es este el lugar destinado a desarrollar las hipótesis explicativas referentes al respecto y el lector puede consultar los numerosos textos existentes sobre el tema.

CAPÍTULO 6

[1] *"Como agua para chocolate"* es una obra donde se pone de manifiesto el poder de la madre narcisista, Mama Elena, en todo su apogeo. Otra frase a remarcar:
"En fin, parecía que la única virtud de Mamá Elena era la de encontrar defectos".

[2] *No sé si me dio un beso de despedida, pero me cuesta creer que lo hiciera. No tengo ningún recuerdo de mi madre dándome un beso. Sin embargo, es posible que me diera un beso; podría equivocarme".*
De la novela *Me llamo Lucy Barton*, de Elizabeth Strout (2016), (p. 152).

CAPÍTULO 7

[1] Pueden verse, junto con una serie de ensayos y artículos publicados sobre el tema de las princesas caídas, en

http://www.fallenprincesses.com/flash/index.html

[2] Artículo "*What's wrong with Cinderella?*": *https://www.nytimes.com/2006/12/24/magazine/24princess.t.html?pagewanted=all*

[3] Comunicación personal. Publicada con permiso del autor.

[4] Puede verse, completo, en

https://www.youtube.com/watch?v=I4h6kVIJo4I

[5] "*Postales desde el filo*" ("*Postcards from the Edge*") (1990) dirigida por Mike Nichols, con un reparto estelar; Shirley McLaine, Meryl Strep, Denis Quaid, Gene Hagman, y Richard Dreyfuss. En el guión colaboraron la propia autora de la novela, Carrie Fisher, Oliver Stone y Ron Kovik.

CAPÍTULO 8

[1] Para Kurt Schneider, la personalidad narcisista coincide con la de "los buscadores de reconocimiento (Geltungsbedürftige)", y señaló que "para aparecer necesitan estar por más de lo que uno es como persona, aún a costa de los demás".

[2] *http://www.huji.ac.il/cgi-bin/dovrut/dovrut_search_eng.pl?mesge119693525532688760*

[3] : Sobre el psiquiatra psicópata: *https://www.bbc.com/mundo/noticias/2013/11/131128_ciencia_james_fallon_cientifico_psicopata_np*

CAPÍTULO 9

[1] *http://educacionmedicaenlinea.blogspot.com/2009/09/frases-para-reflexionar-los-errores.html*

2   Pigmalión, en la mitología, era un escultor que acabó enamo-rándose locamente de una de sus obras llamada Galatea, a la que la diosa Afrodita acabó dando vida.

3   Entre ellos se encontraba el también famoso psicólogo Martin Seligman, padre del fenómeno llamado "indefensión aprendida" y de la "psicología positiva".

CAPÍTULO 10

1   *http://www.europapress.es/internacional/noticia-barenboim-devuelve-premios-echo-concedido-ano-album-rap-antisemita-   homofobo-misogino-20180423231621.html*

2   *https://www.elimparcial.es/noticia/176743/cultura/discurso-integro-de-eduardo-mendoza.html*

3   *https://www.semana.es/corazon/famosos/rafa-nadal-gana-su-12-roland-garros-20190609-002103208/1*

4   En palabras de Lash (1999): "El narcisismo secundario es el que intenta neutralizar el dolor del desengaño amoroso, y suprimir la ira del niño contra quienes no responden de inmediato a sus necesidades. (…) El narcisismo primario se refiere a la ilusión infantil de omnipotencia que antecede a la captación de una distinción crucial entre el YO y su entorno (etapa prenatal)" (p. 288).

5   Aunque en muchas tribus y grupos humanos el paso de la niñez a la juventud está marcado por rituales duros -y hasta crueles- para niños y niñas, en otras culturas este paso es motivo de celebración benigna que requiere un esfuerzo, no tan duro, para lograr el premio del tránsito a otra edad más madura. Por ejemplo, en el judaísmo existe una ceremonia de tránsito, a los trece años, para chicos y chicas, Bat Mitzvah, en la cual leen por primera vez la Torá en la Sinagoga y se hace una fiesta en su honor. Esta ceremonia requiere un año de preparación intensiva para entonar correctamente los versículos de los textos y conocer los preceptos de la religión.

También en Myanmar (antes, Birmania), los budistas celebran el Shin Pyu, una ceremonia dirigida a los niños de entre 4 y 14 años, en lo que se considera la ceremonia de iniciación de los novicios budistas. Vestidos con un traje reservado para la ocasión, con una larga casaca que no puede tocar el suelo, llegan a caballo en solemne procesión hasta las puertas del templo. Tras ellos, familiares y amigos vestidos ricamente con sus mejores galas, acompañaban con música, flores y regalos a los niños en este día tan señalado en el que marchan al monasterio para aprender las enseñanzas de Buda, y decidir si su futuro pasaba por ser monjes o no. Todos los birmanos deben pasar al menos dos veces por el monasterio a lo largo de su vida.

[6]   *http://www.elmundo.es/sociedad/2015/10/21/5626bc8346 163fb9188b45e8.html*

[7]   *http://www.elmundo.es/madrid/2016/01/20/569ea932461 63fd12b8b4626.html*

http://www.abc.es/sociedad/abci-carta-daniel-nino-13- anos-suicido-sufrir-acoso-escolar-rindo-201608161225_ noticia.html

[8]   Es el 900 018 018. *http://www.elmundo.es/sociedad/2016/10/20/58088bf622 601d7b1a8b4656.html*

[9]   Señalo expresamente que estas frases hace unos años carecerían de sentido para el lector.

EPÍLOGO

[1]   *https://prezi.com/ggtufxilne0h/how-to-kill-your-mother/* (2015).

[2]   La frase original es "*chupa-cojones-peludos de un viejo*"

[3]   *Me llamo Lucy Barton*, de Elizabeth Strout, un best-seller en los Estados Unidos, número 1 en la lista de The New York

Times, que resultó ser una relación madre narcisista-hija víctima. Curiosamente, en la contraportada la sinopsis no parece darse cuenta de lo tóxico de la relación madre-hija que nombra, y se expresa en términos opuestos: "*En esa habitación de hospital, durante cinco días y cinco noches, las dos mujeres son en realidad algo muy antiguo, peligroso e intenso: una madre y una hija que recuerdan lo mucho que se aman*". Y solo uno de los críticos citados –J. Ernesto Ayala-Dip- parece tener conciencia de lo que trata en realidad la novela: "Una elegía sobre los seres que quisimos y siempre querremos por encima de las decepciones y las heridas".

Sin embargo, la madre de Lucy es incapaz de decirle que la quiere:

-*¿Mami, tú me quieres?*
-*Ya vale, Pispajo.*

Esa es su única respuesta y, a pesar de que la protagonista insiste una y otra vez, no le dice que la quiere (pp. 147 y 148).